A ERA DA VELOCIDADE

APRENDENDO *a* PROSPERAR *em um* UNIVERSO MAIS-RÁPIDO-JÁ

VINCE POSCENTE

www.dvseditora.com.br
São Paulo, 2008

A ERA DA VELOCIDADE

DVS Editora 2008 - Todos os direitos para a língua portuguesa reservados pela editora.

The Age of Speed - Published by Bard Press
First printing: September 2007
Copyright © 2008 Vince Poscente. All rights reserved

Nenhuma parte deste livro poderá ser reproduzida, armazenada em sistema de recuperação, ou transmitida por qualquer meio, seja na forma eletrônica, mecânica, fotocopiada, gravada ou qualquer outra, sem a autorização por escrito do autor.

O autor pode ser contatado no seguinte endereço:
www.vinceposcente.com

Tradução: Suely Cuccio
Foto do autor: Guy Viau
Diagramação: Konsept Design e Projetos

```
Dados Internacionais de Catalogação na Publicação (CIP)
        (Câmara Brasileira do Livro, SP, Brasil)

        Poscente, Vince
           A era da velocidade : aprendendo a prosperar em
        um universo mais-rápido-já / Vince Poscente ;
        [tradução Suely Cuccio]. -- São Paulo : DVS
        Editora, 2008.

           Título original: The age of speed : learning to
        thrive in a more-faster-now world
           ISBN 978-85-88329-47-8

           1. Administração de empresas 2. Executivos -
        Atitudes 3. Habilidades criativas em negócios
        4. Metas (Psicologia) 5. Sucesso em negócios
        6. Velocidade I. Título.


08-10009                                     CDD-650.1
```

Índices para catálogo sistemático:

1. Era da velocidade : Sucesso em negócios :
   Administração   650.1

Sumário

Prefácio v

O Fenômeno da Velocidade 1

    1   A Revolução do Mais-Rápido-Já 3
    2   Desejo + Necessidade + Acesso 11
    3   Oferta e Demanda 17
    4   Mais Vida, Por Favor 23

Evolução 27

    5   Superando as Nossas Próprias Tendências 29
    6   Rebelde, Rebelde Velocidade 33
    7   Eu a Odeio, Mas a Quero 39
    8   Meu Bem, Não É o Que Você Está Pensando 43
    9   Desfrutando os Prazeres 47
  10   Triângulo Amoroso: Tempo, Qualidade e Custo 53
  11   Rompendo a Resistência 57

A Grande Indefinição 61

  12   Sem Limites 63
  13   Criando uma Nova Estrutura 69
  14   Definindo a Nossa Própria Estrutura 79

Quatro Perfis **81**

    15   Velocidade, Sucesso e Fracasso 83
    16   Zepelins 87
    17   Balões 93
    18   Rojões 99
    19   Jatos 107

Agilidade **111**

    20   Morcegos 113
    21   Percebendo a Oportunidade 117
    22   Sendo Flexível 123
    23   Reagindo às Mudanças 127

Aerodinâmica **129**

    24   200 131
    25   É a Resistência 135
    26   Exercício de Consciência 141
    27   Em Excesso, Atrapalha 147
    28   Longe da Mesa e Fora da Caixa de Entrada 153

Alinhamento **157**

    29   Atravessando a Corda Bamba 159
    30   Propósito Verdadeiro 163
    31   Organização Alinhada 169
    32   Indivíduo Alinhado 175
    33   Procura-se a Simplicidade Desesperadamente 179

Explorando o Poder da Velocidade **183**

    34   Aikido 185
    35   Antecipando-se à Velocidade 191
    36   Buscando a Velocidade 197
          Conclusão 200
          Aplicação 202
          Notas 208
          Créditos 214
          Índice Remissivo 218
          Sobre o Autor 224

Prefácio

*T*enho me preocupado com a velocidade desde garoto recém-formado da faculdade, viajando ao redor do mundo. O momento crítico para mim foi quando um vidente em Cingapura disse que eu morreria aos 40 anos – e realmente acreditei nele.

Sei que parece mentira alguém conseguir ser tão ingênuo ou fatalista, mas acho que era inocente demais naquela idade. Embora soubesse que o vidente muito provavelmente fosse um vigarista, a mera possibilidade de ele estar certo me perturbou. Fiquei preocupado com a possibilidade de ter apenas alguns anos para fazer tudo o que desejava fazer na vida, assim passei a ter uma necessidade peculiar e profunda de fazer tudo rápido.

Talvez deva admitir outra coisa esquisita sobre o fato de acreditar na minha morte aos 40 anos. Essa crença convenceu-me de que talvez não morresse antes disso – e levou-me a fazer o que qualquer imortal faria: fui saltar de páraquedas. Fui voar de asa delta. Pilotar um planador. E, então, com 23 anos, entrei de cabeça em um esporte que recomendo a todos – *luge*. Descendo por uma pista de gelo deitado em um trenó a velocidades acima de 120 quilômetros por hora, chegando a 4 G's: Tem algo melhor que isso? A velocidade era inebriante, e dediquei-me de corpo e alma ao esporte. Cheguei a namorar a idéia de competir nas Olimpíadas.

Logo depois de completar 26 anos, um amigo apresentou-me o **esqui de velocidade**. Mais velocidade. Mais crescimento. Mais diversão. E a modalidade foi indicada como esporte de demonstração nos Jogos Olímpicos de Inverno em Albertville, na França, quatro anos depois. Com o meu relógio da morte tiquetaqueando, tinha de agarrar a oportunidade e, no mínimo, tentar chegar às Olimpíadas. Infelizmente, jamais havia competido de verdade como esquiador – detalhe aparentemente irrelevante na época.

Sem me dar conta, estava com 30 anos e competindo nas Olimpíadas pela medalha de ouro. Tinha conseguido, um esquiador amador sem treino ou experiência de competição, apenas quatro rápidos anos para chegar às Olimpíadas e estabelecer cinco recordes nacionais canadenses no esqui de velocidade (216,7 quilômetros por hora, ou 135 milhas por hora). Eu havia adquirido muita visão de como percorrer longas distâncias em pouco tempo. Mas ainda tinha apenas mais 10 anos de vida, assim tinha de continuar vivendo.

Com 33 anos, comecei a participar do circuito de palestras como conferencista. Falava da minha estratégia para passar de esquiador amador a competidor olímpico em quatro anos. Apresentava a minha visão de como concretizar grandes metas no menor tempo possível. E explorava o papel da velocidade nos negócios. Depois de obter o título de mestrado em gestão organizacional, trabalhei com os meus clientes, a maioria entre as 500 principais companhias da revista *Fortune* e grandes organizações que me contratavam para falar, para entenderem melhor a influência da velocidade nos negócios – nos seus resultados financeiros, na participação de mercado, e no sucesso e na felicidade das pessoas que compõem a organização. Em oito anos, foram mais de setecentas palestras, e acabei entrando rapidamente no Hall da Fama dos Palestrantes, ao lado de personalidades, como Zig Ziglar, Ronald Reagan, Art Linkletter e Og Mandino.

Tudo o que fiz foi dentro de uma cronologia definida, e a velocidade sempre foi prioridade para mim. Embora o ímpeto da minha preocupação possa ter sido um argumento estúpido, a velocidade me serviu muito bem.

Ela me ajudou a realizar muita coisa em pouco tempo e tornou-se fator fundamental do meu sucesso. Acho que se tornou uma espécie de arma secreta para mim.

Mas há alguns anos, notei que a minha obsessão pela velocidade – a arma secreta – não era mais secreta. Em grande escala, a velocidade havia penetrado na experiência humana. No entanto, nem todos a receberam bem e de braços abertos. De fato, muitas pessoas consideram problemática a velocidade acelerada da vida e dos negócios, e é exatamente isso que inspirou *A Era da Velocidade*. Hoje, com a velocidade afetando tantas pessoas, gostaria de oferecer uma nova visão para ajudar a explorar o poder dela a seu favor e a atingir grandes realizações – **rápido**!

PARTE UM

O FENÔMENO DA VELOCIDADE

$$V = \frac{d}{t}$$

CAPÍTULO UM

A Revolução do Mais-Rápido-Já

A chegada da Era da Velocidade ficou evidente para mim enquanto eu avançava lentamente na interminável fila de inspeção do aeroporto de Orlando, na Flórida.

Estava atrasado naquela manhã, e parecia que todos também estavam atrasados – a fila à minha frente dobrava mais ou menos duas vezes, apinhada de pessoas transbordando de impaciência. Assim como elas, eu me sentia totalmente frustrado. Calculei que levaria pelo menos 20 minutos antes de ter o privilégio de sentir o chão frio sob os meus pés apenas de meias, com algum estranho cutucando as minhas pernas. Foi aí que vi uma mulher vestida de terninho passar rápido pela fila. Com a bagagem de mão, entrou à direita no posto de inspeção, esperou um instante e seguiu atravessando os portões.

Quando descobri o que aquela mulher havia feito para economizar aqueles 20 minutos, fiquei impressionado: nossa ânsia pela velocidade ficou tão intensa que nos dispomos a sacrificar coisas extraordinárias para satisfazê-la. Descobri que a velocidade é uma característica definidora da nossa época –

que o que estamos vivendo não é simplesmente o drama do momento, mas a revolução do mais-rápido-já.

A mulher do aeroporto de Orlando estava cadastrada em um programa de viagens que usa a identificação biométrica (tecnologia de mapeamento das características biológicas). Embora a palavra *biometria* possa não soar familiar, o conceito, sem dúvida, já atravessou a consciência de todos em algum momento – dispositivos de identificação de voz, laser de mapeamento da íris, máquinas de reconhecimento facial. Com a ajuda do James Bond, das Panteras e de seus fotogênicos parceiros, essa é uma área que jamais deixou de chamar a atenção. Mas as preocupações com a privacidade e os problemas de segurança têm dificultado a aplicação disseminada da biometria na vida real tanto quanto é aplicada no cinema.

Noventa por cento dos norte-americanos consideram importante a criação de dispositivos de proteção contra o uso impróprio das identificações biométricas.[1] Eles se preocupam com o fato de a biometria se constituir em ameaça contra a privacidade e a segurança, tanto pessoal como nacional. Afinal, a tecnologia identifica a pessoa com base em medidas biológicas imutáveis, e esses dados podem ser armazenados. Qualquer um com acesso aos dados armazenados pode ler – e possivelmente copiar – os detalhes mais íntimos da composição física das pessoas. E se as informações caírem em mãos erradas? Será que a polícia baterá à sua porta para prendê-lo por um crime que não cometeu, porque as suas impressões digitais foram roubadas? Será que uma organização terrorista poderá usar os dados roubados para atravessar os seus membros pelas fronteiras do país? A tecnologia da biometria torna a constituição exata do corpo humano vulnerável à observação, à análise e até mesmo ao roubo. Exatamente quanto de nós mesmos estamos dispostos a revelar, a colocar em risco?

Apesar dessa discussão, a empresa Verified Identify Pass (VIP) começou a testar o seu programa de identificação biométrica, **Clear**, no aeroporto internacional de Orlando em 2005.[2] Foi como se as preocupações com a segurança e a privacidade deixassem de ser problemas – tudo porque o programa oferece aos viajantes a chance de agilizar a sua saída da inspeção. No aeroporto de Orlando, os cadastrados no programa aguardam na fila de segurança no máximo **três minutos**, enquanto os demais passageiros sofrem com uma espera de até **32 minutos**.³ E são, no máximo, três minutos. De acordo com a VIP, o tempo médio de espera dos cadastrados no programa Clear seria de **quatro segundos**.

Mas o processo de cadastramento não é exatamente conveniente ou barato e, tampouco, alivia os temores dos defensores da privacidade. Antes do encaminhamento do formulário de cadastramento ao Departamento Norte-Americano de Segurança nos Transportes (TSA) para uma avaliação da ameaça à segurança, o viajante deve comparecer pessoalmente para se submeter a uma verificação dos antecedentes, pagar uma taxa anual de mais ou menos cem dólares, deixar a impressão digital dos dez dedos das mãos e realizar o mapeamento da íris.⁴

Mesmo assim, o alto custo, o possível comprometimento da privacidade pessoal, a tarefa de completar o processo de cadastramento e a paranóia associada ao fato de ter as informações arquivadas no TSA não se mostraram empecilhos frente aos atrativos da agilização. Todos esses aspectos negativos parecem toleráveis quando significam mais rapidez. Até o início de 2007, mais de 45 mil pessoas estavam cadastradas no programa em todos os EUA, e o TSA aprovou a expansão do programa de cadastramento de viajantes para até vinte aeroportos.⁵ Em pé, na fila de inspeção do aeroporto de Orlando, testemunhei a **velocidade superando a privacidade**, os **custos**, a **conveniência** e até o **medo**.

Nós estamos dispostos a fazer sacrifícios imensos para conseguir mais velocidade.

A revista *The Economist* resumiu a situação desta forma: "Para muitas pessoas, a 'biometria' invoca imagens de uma sociedade de sobrevivência do estilo *Big Brother*. Mas basta dizer que elas economizariam alguns segundos preciosos... e milhões irão aderir."[6]

> **NOTA RÁPIDA**
>
> Hoje o programa Clear está disponível em São Francisco, Indianápolis, Cincinnati e no terminal 7 da British Airways no aeroporto JFK em Nova York. Próximos locais: terminais 1 e 4 do aeroporto JFK, terminal B de Newark, e Toronto. Há uma lista atualizada em www.flyclear.com/airports.html.

• • •

Nós estamos dispostos a fazer sacrifícios imensos para conseguir mais velocidade porque hoje a sociedade pulsa com novas prioridades e novas demandas. Criamos a cultura do mais-rápido-já de disponibilidade permanente 24 horas por dia, do *CrackBerry* ("viciados" nos telefones tipo *Blackberry*), e ela está mudando a maneira de trabalhar, relacionar, comunicar e viver. Ela está mudando a característica que torna o indivíduo bem-sucedido e a organização viável. E está mudando aspectos fundamentais da experiência básica humana.

> **NOTA RÁPIDA**
>
> Os *CrackBerries* viraram mascote oficial da **era da velocidade (EV)**, mas atente para o vício. Pesquisas revelaram que as constantes interrupções para verificar mensagens eletrônicas provocam queda no desempenho equivalente à perda de dez pontos de QI (quociente de inteligência) – duas vezes e meia à observada depois de fumar maconha.[7]

Enquanto para alguns isso possa parecer assustador, eu acredito em um poder peculiar da velocidade de enriquecer nossas vidas no nível individual, organizacional e até mesmo social. Ela é o pulsar da vida na era da informação, impulsiona os negócios e ajuda as pessoas a gastarem menos tempo com atividades sem sentido para poder levar uma vida mais significativa.

Escrevi este livro visando explorar a noção aparentemente incoerente de que, quando aproveitamos o poder da velocidade, não apenas conseguimos realizar mais, e mais rápido, como a vida e o trabalho ficam menos estressantes, menos atribulados e mais equilibrados. *A Era da Velocidade* consiste em uma análise do papel da velocidade na experiência empresarial e individual, e a proposta de uma nova visão – a velocidade pode ser forte aliada, tanto no nível pessoal como no organizacional. Introduzo quatro perfis comportamentais – Jatos, Rojões, Zepelins e Balões – que caracterizam como as pessoas se relacionam com a velocidade, e procuro ajudar o leitor a explorar métodos para voltar o fenômeno da velocidade a seu favor e a lidar com os efeitos colaterais da era da velocidade, como a interferência da vida profissional na familiar e vice-versa, e a sobrecarga de informações. Apresento histórias e estudos de caso ilustrando os muitos aspectos do impacto da velocidade na nossa vida e nas empresas e também, espero, divertir o leitor ao longo da leitura.

Em muitos aspectos, *A Era da Velocidade* é um livro conceitual com o humilde objetivo de inspirar uma nova perspectiva, uma visão que ajude o leitor a sobreviver nessa nova era mais veloz. Mas as visões deste livro podem ser aplicadas na vida pessoal e profissional, e podem realmente fazer diferença. Basta uma mente aberta e curiosidade introspectiva. Durante a leitura do livro, pense em como aplicar o seu conteúdo na vida pessoal e profissional. E analise como a velocidade pode trabalhar a seu favor e aproximá-lo das suas metas – porque velocidade não é apenas algo que precisamos aceitar e adotar, mas algo que queremos desesperadamente!!!

CAPÍTULO DOIS

acesso à velocidade = intolerância com a lentidão

Desejo + Necessidade + Acesso

Hoje desejamos a velocidade, necessitamos de velocidade e podemos obtê-la – tudo em nível jamais experimentado. Naturalmente, a raça humana tem perseguido a velocidade há muito tempo, mas o que separa a busca moderna de velocidade daquela de gerações anteriores – o que torna a nossa experiência revolucionária – é a combinação do desejo ancestral com dois fatores peculiares da nossa época: a necessidade sem precedentes de velocidade e a capacidade nova de obtê-la. Vamos examinar primeiro o desejo de velocidade.

A intensidade com que desejamos a velocidade hoje, e com que desejamos por gerações, fica evidente na nossa inabalável busca. Ao longo da história, nos empenhamos para acelerar nosso próprio eu, nosso trabalho e o progresso em geral. A raça humana ainda tem de decidir se o ritmo atual da velocidade está, conforme as palavras inspiradas da personagem do conto infantil, *Goldilocks* (*Cachinhos Dourados*), **perfeito**.

Veja, por exemplo, em se tratando de viagens. Inventores, engenheiros e investidores têm coerentemente desafiado o tempo gasto na travessia do oceano Atlântico. Quando a viagem transatlântica estava confinada ao mar, procuravam-se avanços náuticos – barcos a vela em lugar de navios mercantes, navios a vapor em lugar de barcos a vela. Mas mesmo o barco a vela mais veloz não era suficientemente rápido. Passamos a nos dedicar ao ar, a busca continuou. Ainda assim, mesmo com os incríveis avanços obtidos na moderna navegação aérea, estamos longe de ficar satisfeitos. Engenheiros trabalharam duro desenvolvendo o jato corporativo *Aerion* (previsto para ser comercializado em 2011), que oferece a um executivo e mais onze colegas a oportunidade de viajar atravessando o Atlântico a Mach 1,5 ou 1,6 (1.800 ou 1.900 quilômetros por hora) em uma altitude de 45 mil pés (14 mil metros) – rompendo a barreira do som.[1] Imagine: reuniões pela manhã em Manhattan (Nova Iorque), almoço com os clientes ao lado do Piccadilly Circle (Londres), e de volta a tempo de ajudar as crianças na lição de casa.

> **NOTA RÁPIDA**
>
> A unidade Mach não é medida absoluta de velocidade, mas uma comparação com a velocidade do som. A velocidade do som no nível do mar a 20° C é de aproximadamente 1.249 km/h, mas ela varia de acordo com as condições atmosféricas, como a densidade, a temperatura e a umidade. Portanto a velocidade Mach de uma aeronave em movimento pode variar dependendo da altitude, mesmo quando em deslocamento na mesma velocidade em quilômetros por hora.

Mas hoje a possibilidade de acesso à velocidade está transformando a nossa busca. Com o avanço tecnológico possibilitando atingir a velocidade de praticamente todas as formas imagináveis, ela não é mais um objeto de luxo – é uma expectativa. E, quanto mais conseguimos, mais parece que desejamos. Correio eletrônico, computador de mão, caixa de auto-atendimento, música carregável no computador, notícia em tempo real, terminal eletrônico de auto-atendimento, câmera digital: a tecnologia tem impulsionado a velocidade em todo aspecto da rotina diária. O limite tem se ampliado, e as opções para agilizar parecem infinitas. Hoje, a sociedade se caracteriza não apenas por ter ou não ter, mas também por ter e ter já. Pense na experiência do consumidor moderno. Com os serviços de manobrista oferecidos nos *shoppings-centers*, chegamos mais rápido às lojas, e, com os quiosques de auto-atendimento, saímos mais rápido. Os compradores das grandes áreas metropolitanas podem até mesmo fazer uma encomenda até às 14 h, de qualquer item, desde um vestido de festa até um livro ou um liquidificador, e recebê-la **no mesmo dia** – mesmo quatro dias antes do Natal.[2]

Imploramos a velocidade, e não ficamos satisfeitos até conseguir. Nossa tolerância à lentidão tem diminuído com a mesma intensidade que a ânsia pela velocidade tem aumentado. Hoje, tempo de espera e tempo ocioso são considerados inaceitáveis. A tolerância anda tão reduzida que 23% dos norte-americanos afirmam perder a paciência em cinco minutos quando esperam na fila.[3] Embora essa atitude vagamente possa parecer imatura ou mimada, a base da intolerância pode estar enraizada em algo bem razoável: cinco minutos esperando na fila equivalem a abrir mão de cinco unidades do nosso bem mais valioso – o tempo. Exploramos o potencial de cada minuto e sabemos exatamente o que conseguimos realizar em cinco minutos. Quando somos forçados a diminuir o ritmo por algum agente externo, estamos sendo roubados de atividades que poderíamos realizar nesse tempo.

Reflita no que isso significa para os negócios. Existe um novo patamar para a rapidez, mas também uma grande oportunidade: uma demanda disseminada, profundamente percebida e não suprida. As pessoas querem desesperadamente economizar tempo – mesmo 18 segundos fazem diferença na era da velocidade (EV). O grupo Chase usou de habilidade para reduzir o tempo médio da transação nos terminais de auto-atendimento de 42 para 24 segundos, como estratégia de posicionamento, visando atrair os muitos consumidores da potencial carteira de clientes em busca de rapidez. A economia de simples 18 segundos nos terminais foi um apelo de vendas suficiente para o Chase lançar uma campanha com cartazes em *outdoors* e vitrines usando uma mensagem de texto abreviado, "Sq $ + Rpdo" (saque dinheiro mais rápido), para atrair às suas agências clientes apressados e impetuosos.[4]

E imagine a excêntrica seguradora de automóveis Geico, companhia determinada a faturar com a política de tolerância zero para com a lentidão.

A Geico utilizou como porta-voz o personagem do desenho animado *Speed Racer* e cunhou um *slogan* que está ficando inesquecível: "15 minutos podem economizar 15% ou mais". O modelo da Geico de apelo direto ao consumidor é pouco usual no mercado lento de seguros de automóveis[5], mas funciona – em parte por causa da ênfase à velocidade e à satisfação imediata oferecidas ao consumidor. A companhia subiu ao quarto lugar na indústria de US$ 180 bilhões com a sua mensagem de baixos preços e alta velocidade, e seus rivais ficaram preocupados.

Um concorrente tentou transmitir uma mensagem posicionando-se como mais centrado no consumidor, enfatizando que gastaria com prazer muito mais de 15 minutos com o cliente. A companhia tentou apelar para o desejo percebido de mais atenção e tempo do consumidor, mas acabou retirando o anúncio, alegando que o "público não entendeu".[6] Mais do que provavelmente, o público não **queria** o que estava sendo oferecido. Não queremos gastar mais de 15 minutos falando do seguro do automóvel ou esperando uma cotação. Não podemos mais – nosso tempo é simplesmente valioso demais. Não apenas conseguimos e esperamos a velocidade, nós necessitamos dela.

CAPÍTULO TRÊS

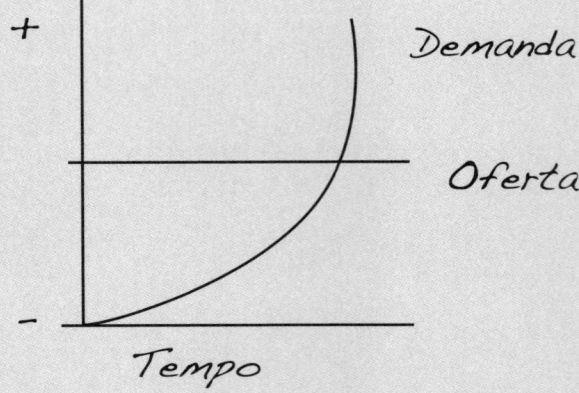

OFERTA E DEMANDA

A nossa necessidade de velocidade tornou-se mais intensa, mais penetrante e ficou mais difícil de escapar dela porque hoje podemos obter mais opções – e podemos buscar mais opções porque a cultura floresceu. De acordo com Daniel Hamermesh, professor de Economia da University of Texas, Austin, o progresso, o sucesso, tem tornado o **tempo** cada vez mais valioso. A cada ano que passa, os minutos ficam mais preciosos e mais onerosos. "Desde 1955, a renda média do norte-americano depois da inflação triplicou . . . [enquanto] a expectativa de vida aumentou mais ou menos 10%."[1] Assim o custo de vida total que conseguimos sustentar triplicou, enquanto a expectativa de vida total aumentou apenas um pouco. Portanto temos mais em risco a cada minuto gasto. E isso aumentou a nossa necessidade de velocidade.

De acordo com Hamermesh, enquanto a cultura continuar florescendo, a necessidade de velocidade continuará a ficar mais intensa, mais penetrante e será mais difícil escapar dela. É uma simples questão de oferta e demanda. Há uma demanda maior de tempo, mas uma oferta praticamente estática. E a solução para esse conflito está na velocidade: já que não se pode acrescentar mais horas ao dia, e a expectativa de vida vem aumentando apenas um pouco, temos de agir mais rápido para fazer tudo o que queremos – e que **podemos** – fazer.

Imagine duas crianças em um parque de diversões. Ambas têm uma hora para ver o que quiserem ver e fazer o quiserem fazer. Uma delas tem dez reais. Dinheiro suficiente para realizar apenas uma tarefa, portanto a escolha dela é importante. Será que deve brincar no seu brinquedo favorito, ou comprar o seu doce favorito? O que lhe será mais prazeroso, a roda gigante ou a maçã do amor? Qualquer que seja a sua escolha, uma hora é tempo mais que suficiente para fazer aquilo pelo qual ela pode pagar.

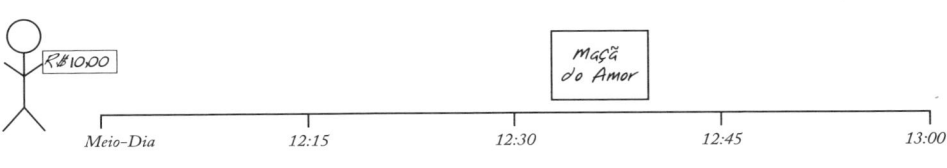

Max tem uma hora para realizar uma tarefa.

A segunda criança tem quarenta reais – mas também apenas uma hora para gastar. Ela quer uma maçã do amor, uma coxinha, um pacote de caramelos, um passeio na montanha russa e na roda gigante. Ela tem dinheiro para isso, mas será que tem tempo suficiente? Ela não pode gastar tempo demais em apenas um dos "brinquedos" (ou guloseimas), senão perderá a chance de realizar as outras atividades. Se houver uma longa fila no carrinho de doces ela pode perder a possibilidade de brincar na roda gigante. Para fazer tudo o que deseja e pode, a segunda criança precisa tentar se agilizar. Ela tem de aproveitar ao máximo cada momento. A sua necessidade de velocidade é maior que a da primeira criança.

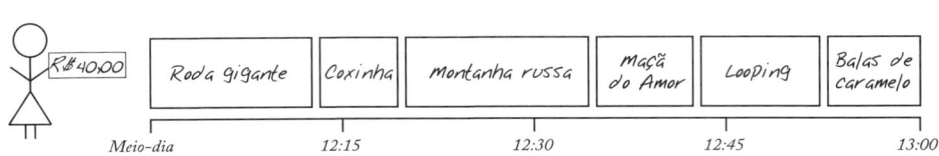

Isabela tem uma hora para realizar várias atividades.

Assim como Isabela, o cidadão médio norte-americano tem necessidade aguda de velocidade porque tem, como nunca, a possibilidade de buscar mais opções. E quanto mais podemos fazer, mais queremos fazer! Como a vida é finita e a imaginação, praticamente sem limites, a nossa demanda de velocidade aumenta em relação ao que temos possibilidade de atingir. Queremos realizar grandes feitos, realizações significativas, tudo com o que sonhamos. Queremos educação abrangente, carreira de muito poder, família bem estruturada, círculos sociais interessantes, viagens glamorosas, tempo dedicado a nós mesmos para relaxamento e introspecção, e capacidade de nos dedicar à comunidade global. E quanto tempo temos para nos saciarmos de tudo isso? Setenta anos? Oitenta? Para fazer tudo o que desejamos fazer, viver o quanto desejamos, precisamos de velocidade – é a única maneira de obter mais tempo, mais vida.

Velocidade é a única maneira de obter mais tempo, mais vida.

É verdade que, para algumas pessoas, mais não significa necessariamente melhor. Algumas ficam perfeitamente satisfeitas mesmo não fazendo tudo que esteja ao seu alcance. Elas optam por restringir a quantidade de experiências que buscam – e ficam mais felizes assim. Existem até provas que **sustentam a noção de que fazer mais não significa ficar mais feliz**. Mas por bem ou por mal, diante da opção entre fazer menos ou fazer mais, a maioria das pessoas afetada pelos efeitos da EV opta por fazer mais – mais oportunidades, mais riqueza, mais relacionamentos com mais pessoas, mais vida. De fato, um levantamento realizado em 2006 revelou que apenas 26% das pessoas que se queixavam de falta de tempo escolheriam ter menos atividades para realizar em vez de mais tempo para realizar todas as atividades que realizavam naquele momento.[2] **Queremos da vida o máximo que pudermos obter!**

CAPÍTULO QUATRO

MAIS VIDA, POR FAVOR

Hoje, há um montante fantástico de estilos de vida ao alcance das mãos. Não apenas temos a capacidade de buscar mais opções, como também temos mais opções disponíveis para usar. E isso decorre não apenas do crescimento econômico, como também do avanço tecnológico. Graças ao telefone celular, à rede de acesso remoto, aos avanços nas viagens e a Internet, temos mais alternativas para trabalhar e mais oportunidades para nos divertir.

Em outras épocas, as opções da maioria das pessoas se restringiam a poucos setores bem definidos. Elas podiam romper com aqueles papéis aceitos, mas sofriam as consequências. Fugir da zona rural para tornar-se um pintor famoso em Paris era uma **possibilidade**, real. Mas viver em Paris e ainda manter uma ligação próxima com a mãe em Iowa (EUA) é viável? Pouco provável! Atualmente, temos uma oportunidade ímpar de efetivamente fazer tudo o que desejamos fazer. É possível viver em Paris e usar o VOIP[1] para conversar com a mãe em Iowa todos os dias. É possível viajar nos feriados e ainda acompanhar as notícias locais no jornal eletrônico todas as manhãs.

Em muitos casos, no entanto, mais opções provocam mais estresse — quer optemos por buscá-las ou não. Quando se têm muitas alternativas e muitas decisões a tomar, os destinos ficam obscuros. Pense mais uma vez nas duas crianças no parque de diversões. A primeira, que tinha apenas dez reais, tinha apenas uma decisão a tomar. O seu caminho estava claro. Mas a segunda criança, que tinha quarenta reais, tinha diversas decisões para tomar. O seu caminho estava incerto. Na sua opinião, quem ficou mais estressada?

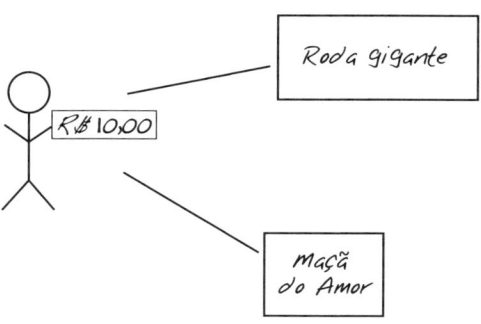

Max tem uma decisão para tomar.

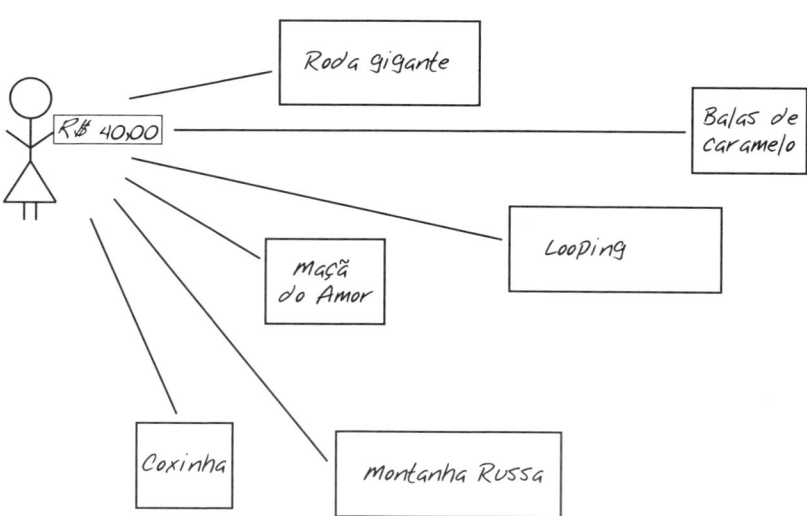

Isabela tem diversas decisões para tomar.

Mesmo impedindo uma catástrofe econômica e interrompendo de repente o desenvolvimento tecnológico, a quantidade de opções disponíveis não diminuirá em pouco tempo. Certamente é possível optar por não buscar todas as opções disponíveis, mas a quantidade de alternativas existente continuará a aumentar, independentemente das nossas preferências pessoais. Portanto, preparados ou não, é hora de nos adaptar ao novo volume de opções disponíveis – e talvez até mesmo apreciá-las como oportunidade para aumentar o montante de vida que aproveitamos, para aumentar nosso ciclo de vida agradável.

Com mais opções disponíveis, podemos perseguir mais sonhos. E como hoje temos uma capacidade ímpar de concretizá-los, damos um jeito de sonhar mais. Seguramente não podemos acrescentar mais horas ao dia, mas procuramos mesmo assim, maneiras de aproveitar mais cada momento. A diferença entre o que conseguimos realizar em 60 minutos hoje e o que conseguíamos realizar em uma hora há 30 anos é assustadora. Seja fazendo reservas para o jantar, preparando um complicado relatório trimestral, ou cedendo a algum capricho efêmero, conseguimos fazer tudo mais rápido, assim, em qualquer dado minuto, conseguimos realizar mais. Conseguimos ouvir a música de que gostamos no rádio, carregá-la no computador e tê-la no tocador portátil em minutos – sem sequer levantar da cadeira. Em questão de segundos, conseguimos encontrar respostas para qualquer dúvida que desperte a nossa curiosidade. Eu consigo enviar uma mensagem de texto a um amigo e me conectar imediatamente – para planejar o fim de semana ou agradecer pelo macarrão instantâneo com molho doce (tenho amigos esquisitos). E, com a linguagem universal dos acrônimos, os programas de preenchimento automático de palavras, e aqueles pequenos e convenientes *emoticons*[2], até mesmo a digitação de texto ficou rápida.

Sempre que aceleramos para completar alguma tarefa pouco importante, criamos a possibilidade de ter mais tempo para dedicar ao que consideramos mais importante – seja criando uma empresa, seja assistindo ao pôr-do-sol. O apelo da importância é motivador vital em nosso estilo de vida movido a um potente motor de propulsão. Queremos gastar menos tempo em coisas que consideramos irrelevantes, assim devoramos cada possibilidade de agilizar as filigranas da vida.

Por que precisamos de velocidade? Não porque seremos enterrados vivos sem ela; precisamos da velocidade porque ela nos possibilita viver uma vida mais significativa. Então por que aquela voz baixinha dentro de nós continua a dizer para ir mais devagar?

PARTE DOIS

EVOLUÇÃO

CAPÍTULO CINCO

Capacidade de atingir a velocidade

Capacidade de adaptar-se à velocidade

Tempo

Superando as Nossas Próprias Tendências

Há alguns anos atrás, a raiz da nossa resistência à velocidade me foi revelada por um cão da raça *border collie* chamado Scout. Eu estava na casa de um amigo no subúrbio de Chicago quando a sua filha pequena, Claire, começou a caminhar em direção à porta dos fundos para brincar no balanço, longe dos pais e do restante do grupo. Scout bloqueou o caminho dela, determinado a empurrar a criança de volta ao grupo – ou ao "bando", do seu ponto de vista. Frustrada com as diversas tentativas fracassadas de desviar do cão, Claire torceu o nariz, empurrou o obstáculo preto e peludo, e tentou escapar. Mas Scout não podia deixá-la se desgarrar do bando. Ele arreganhou os dentes, latiu e cutucou-a com força no ombro. A criança caiu de bumbum e começou a chorar. O meu amigo apareceu correndo, e Scout foi posto para fora humilhado, com o rabo entre as pernas. E foi aí que percebi por que tantos de nós resistem à velocidade: algumas vezes o modo como nos comportamos e aquilo em que acreditamos são baseados em crenças nas quais fomos criados para acreditar como verdadeiras ou corretas – não necessariamente nas mais adequadas e produtivas no nosso ambiente atual.

Como os cães dessa raça são criados para guiar rebanhos de ovelhas desde o século XIX, Scout não podia simplesmente desligar o seu instinto de pastor apenas por ser uma reação obsoleta na vida urbana. E, assim como esses cães, os seres humanos têm as suas próprias reações enraizadas que os ajudam a evitar as dificuldades nos novos ambientes.

Atualmente, mesmo não havendo razões evidentes para resistir à velocidade, o instinto muitas vezes nos diz para prosseguir com cautela. Imagine, por exemplo, qual seria a sua reação se alguém lhe sugerisse para atuar com mais rapidez na sua vida pessoal e profissional, para buscar ativamente formas de acelerar. **Você sorriria e reagiria bem à sugestão, ou resistiria e ficaria estressado?** Pense em como se sentiria se lhe dissessem que o ritmo da vida e do trabalho hoje não é veloz o suficiente – que você deve acelerar ainda mais porque se assim fizer, ficará menos estressado. Qual seria a sua primeira reação, de aceitação ou desconfiança?

Visões ultrapassadas, medos irracionais e desejos incompatíveis muitas vezes estão conduzindo a nossa reação porque existem percepções negativas da velocidade arraigadas na nossa mente tanto consciente como subconsciente. Isso não quer dizer que a velocidade seja **sempre** a melhor solução, mas muitas vezes tentamos interromper a velocidade, diminuir o ritmo da vida e do trabalho, sem sequer pensar se ela não seria boa. É como se **sentíssemos** a velocidade como uma coisa ruim. Por exemplo, embora eu ame fazer tudo rápido, existe uma parte de mim que compara a recompensa imediata a um comportamento infantil, assim sinto uma pontada de culpa quando penso na minha demanda de velocidade. Quando fico tentado a tomar algum atalho ou tentar agilizar os resultados, às vezes fico preocupado que a qualidade ou o custo fique prejudicado – que a compensação seja inevitável. E, quando alguém sugere que eu aja mais rápido, muitas vezes automaticamente interpreto isso como querendo dizer que ficarei mais atarefado.

Mas, se continuarmos a rejeitar a velocidade irrefletidamente, jamais conseguiremos superá-la. Estaremos em constante conflito com o universo ao nosso redor – um universo pulsando com a velocidade. Portanto precisamos identificar a raiz da nossa resistência e trabalhar para mudar a nossa visão, para enxergar a velocidade como a força positiva que ela pode ser e exterminar a nossa contrariedade. É o primeiro passo para prosperar na EV.

CAPÍTULO SEIS

REBELDE, REBELDE VELOCIDADE

Reflita no que aprendemos quando nos são ensinados os fundamentos básicos do **certo** e **errado**, **prudente** e **imprudente**. Embora a velocidade seja vital para o sucesso e contribua no século XXI para as grandes realizações, a rapidez poucas vezes é retratada como atitude nobre, responsável ou inteligente. Muitas vezes, é caracterizada como atitude negligente, rebelde e impaciente. Querer tudo rápido significa querer compensação imediata, e a compensação imediata muitas vezes é considerada imatura e irresponsável, até mesmo moralmente errada. Ela é comparada à impaciência, curto período de atenção e atitudes infantis mimadas.

Mesmo a aparentemente inocente fábula de Esopo *A Tartaruga e a Lebre* aborda sutilmente o potencial destrutivo da velocidade. Esta é interpretação mais comum da moral da história: **"Devagar se vai ao longe"**, com ênfase à confiabilidade da lentidão. Mas assim como muitos dos nossos julgamentos sociais da velocidade, a mensagem principal de *A Tartaruga e a Lebre* está distorcida. "Devagar se vai ao longe" é uma afirmação falsa baseada numa interpretação bem limitada do enredo da história.

rápido ≠ irresponsável

Pense melhor: uma tartaruga e uma lebre concordam em disputar uma corrida, e a lebre sai em disparada correndo o mais rápido possível, deixando a tartaruga comendo poeira. (Por que **será** que a tartaruga acha uma boa idéia competir contra a lebre, afinal?) Mas a lebre tem tanta certeza de que a tartaruga não consegue alcançá-la que ela pára para fazer uma boquinha e dar um cochilo no gramado sem preocupar-se em realmente terminar a corrida. Quando acorda, dispara em direção à linha de chegada. Mas assim que atravessa a linha, convencida e certa da sua vitória, encontra a tartaruga do outro lado, pacientemente esperando a sua chegada.

A lebre não perde por ser rápida – a velocidade não atuou contra ela de maneira nenhuma. E a tartaruga não vence por ser lenta. A lebre perde por ter feito uma escolha ridícula de como gastar o tempo dela, por ser irresponsável e arrogante o suficiente para cantar vitória antes de terminar a corrida. E a tartaruga vence por ser valente o suficiente para participar da corrida quando a sua probabilidade de vencer era ínfima, e persistente o suficiente para dar o máximo de si, visando alcançar a linha de chegada sem desistir ou desviar-se do foco.

O papel da velocidade na fábula é exagerar a lição; é o de ilustrar que mesmo com uma radical vantagem natural – no caso da lebre, a velocidade – o detentor da mesma, deve manter-se focado e evitar subestimar o concorrente, para poder vencer. Por outro lado, qualquer um pode conseguir vencer uma corrida mesmo não sendo o favorito se for humilde, corajoso, determinado e centrado no seu objetivo. Não faltou velocidade na derrota da lebre, e a lentidão certamente não foi fator determinante na vitória da tartaruga. No entanto, para gerações de leitores e ouvintes passou-se a idéia de **lentidão** como atitude **inteligente** e de **rapidez** como **atitude irresponsável**.

É verdade que a capacidade de adiar a recompensa seria um dos sinais de maturidade no desenvolvimento da criança. Mas com a capacidade de adiar a recompensa dominada quando necessário, por que devemos adiá-la por princípio, sem qualquer vantagem extra? E, embora em algumas situações nos beneficiemos com o adiamento da recompensa (discutido mais adiante), não há necessidade de descartá-la automaticamente como algo irresponsável ou imaturo. Por que acreditamos ser tão nobre esperar por nossa recompensa? O impulso "infantil" de ter o que queremos quando queremos realmente não

Por que acreditamos ser tão nobre esperar por nossa recompensa?

é diferente da relutância em usar o correio eletrônico em lugar do convencional mais lento, em tomar o trem bala em vez do tradicional mais lento, e em ir direto ao ponto em vez de ficar rodeando.

Mas as lições que nos ensinaram são confusas. Para cada história como *A Tartaruga e a Lebre*, para cada citação expressiva vilipendiando a velocidade ("A pressa é inimiga da perfeição", "Roma não foi construída em um dia"), parece haver outro aforismo, outra lição a glorificando ou encorajando ("Melhor prevenir que remediar", "Cochilou, o cachimbo cai"). E, enquanto alguns aspectos da velocidade nos faz instintivamente recuar, outros nos atraem muito.

CAPÍTULO SETE

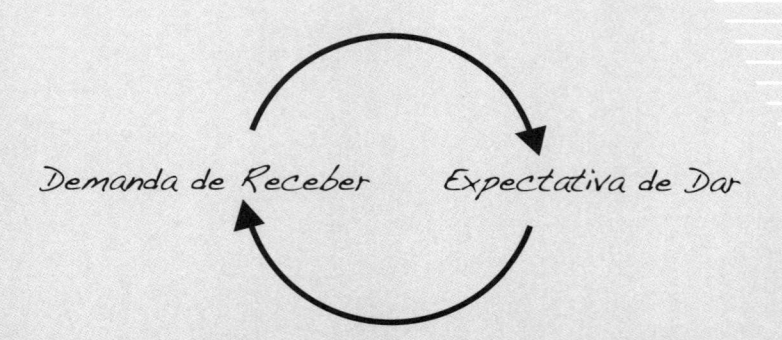

Demanda de Receber ⇄ Expectativa de Dar

Eu a Odeio, mas a Quero

Fomos alertados do potencial da velocidade de criar problemas, mas imploramos os seus benefícios, assim, de várias modos, temos uma relação de amor e ódio com a velocidade. Criamos e continuamos a construir com base na EV, mas também sentimos a velocidade como estressante, perigosa e nociva. Lamentamos o ritmo da vida cada vez mais veloz – as demandas da nossa época, a expectativa de disponibilidade, a sensação de impossibilidade de acompanhar o ritmo. Muitos de nós se sentem oprimidos pela pressão da vida e do trabalho e têm uma forte suspeita de que à medida que a velocidade aumenta, perdemos a capacidade de êxito. Mas cultivamos o gosto pela velocidade que impregna a nossa sociedade, e constantemente desenvolvemos maneiras de obter mais rápido o que queremos. Então, em que momento a nossa busca de velocidade se cruza com o nosso desgosto por ela?

O nosso amor pela velocidade cruza-se com o ódio no mesmo momento em que a facilidade de **receber** passivamente se intercepta com o esforço de **fazer** ativamente. Está fechado o círculo da demanda sempre crescente de velocidade que impomos aos outros. Conforme foi crescendo a nossa expectativa de **obter** tudo mais rápido, a expectativa das outras pessoas para que

Desempenhar
mais rápido

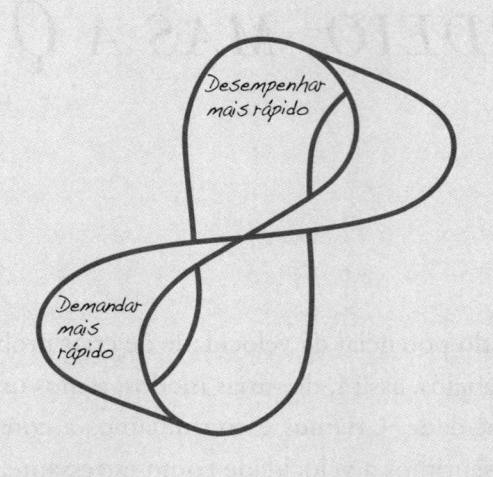

Demandar
mais rápido

façamos tudo mais rápido também foi aumentando, assim a maioria de nós está sentindo a pressão de uma expectativa aparentemente repentina de **fazer mais**, **fazer rápido**, e **fazer já**. Por alguma razão, não antecipamos essa situação. Ela faz sentido, mas não gostamos dela. O que parece fácil e instigante do ponto de vista daquele que recebe parece assustador e opressivo quando algum agente externo o exige de nós: isso mesmo, quero ter tudo mais rápido, mas será que está tudo bem para você esperar que eu faça as coisas mais rápido? **Nem pensar!**

Essa tensão entre o nosso desejo de **obter** e a nossa relutância em **fazer** cria um sentimento de conflito, âmago da nossa relação de amor e ódio. Mas a demanda de velocidade é semelhante a uma fita de Möbius: existe apenas um lado. Ou a exigimos dos outros e aceitamos que os outros a exijam de nós, ou a recusamos totalmente. Porque, se resistirmos a agir mais rápido, produzir mais rápido, reagir mais rápido, não podemos de maneira nenhuma esperar que os outros façam tudo mais rápido para nós. Devemos aceitar o fato de que, se desejamos a velocidade em nossas vidas, os outros também irão exigir de nós tudo mais rápido – de que a única maneira de obter velocidade é também a proporcionar.

CAPÍTULO OITO

rápido ≠ atribulado

Meu Bem, Não é o Que Você Está Pensando

Se você acha que proporcionar velocidade significa ficar soterrado em mais trabalho, mais responsabilidades e mais demandas, reflita novamente. Em algum momento, o significado de velocidade se confundiu com a idéia de ficar atribulado, e essa pode ser a outra razão por que resistimos a *fazer* tudo mais rápido. Se a velocidade nos negócios for mencionada em alguma conversa, são boas as chances de ouvir alguém suspirar e dizer, "Simplesmente não consigo trabalhar nem um pouco mais rápido. Ando ocupado demais."

Mas fazer tudo mais rápido não necessariamente significa trabalhar mais.

Na EV, possuímos ferramentas para realizar mais em menos tempo do que os nossos "ancestrais" de 20 anos atrás. Consequentemente, temos mais tempo, mas não necessariamente mais tempo para gastar trabalhando mais. Esse tempo pode ser usado em atividades mais importantes para nós, atividades prazerosas, significativas.

Há uns meses, eu estava conversando com dois amigos diretores de arte de agência de publicidade. Um começou a reclamar da expectativa do tempo gasto na produção de um anúncio. "Realmente me faz odiar a tecnologia às vezes", alegou. "As pessoas acham que só porque conseguimos fazer tudo mais rápido, elas podem esperar produção dobrada no mesmo espaço de tempo."

O colega dele discordou totalmente. "Eu amo a tecnologia. Consigo dedicar mais tempo à criação de idéias, e não preciso gastar dias e mais dias tentando colocá-las em prática".

"Mas é impossível conseguir 'tempo extra para criar idéias' se os clientes exigem a produção mais rápida dos anúncios."

"Bom, mesmo não conseguindo, ainda sou capaz de produzir os anúncios em menos tempo sem trabalhar mais. De qualquer forma, saio ganhando."

Achei esse debate interessante porque realçou uma questão crítica que deve ser considerada quando resistimos a atuar mais rápido na EV: nós efetivamente **conseguimos** fazer mais do que conseguíamos em um dado tempo mesmo há cinco anos. Portanto as expectativas de uma produção agilizada com as quais nos defrontamos muitas vezes são válidas. Mas não temos de trabalhar mais duro ou mais tempo para realizar mais. E realizar mais sem trabalhar mais duro ou mais tempo se traduz em potencial aumento de renda – seja para o empresário, funcionário ou um profissional liberal. Se os meus amigos diretores de arte fossem autônomos, por exemplo, conseguiriam produzir mais projetos por semana e, portanto, ganhar mais dinheiro no mesmo tempo. E, como o aumento de produtividade impulsiona os lucros, entusiasma a alta direção da empresa e aguça as habilidades, diretores de arte assalariados também teriam o potencial de renda aumentado e talvez até conseguissem passar **menos** tempo no escritório. **Então por que as pessoas ficam irritadas e criticam a expectativa de agilização?**

Talvez seja porque não usemos com freqüência o tempo extra em experiências mais gratificantes. Muitas vezes, quando reduzimos o tempo gasto em algo irrelevante, acabamos gastando o tempo economizado em outra atividade também irrelevante. Se você descobre alguma forma de economizar tempo no banco e no supermercado, por exemplo, separa esse tempo para algo mais gratificante, ou simplesmente preenche o tempo passivamente com outras responsabilidades que vão aparecendo? Este último cenário deixaria qualquer um exausto, esgotado. Velocidade é a grande solução para o aumento da renda e da produtividade, mas essas vantagens são apenas uma parte de todo o cenário. A principal razão por que devemos acelerar é criar tempo para experiências significativas. Velocidade não é apenas uma maneira de produzir mais – **velocidade é o segredo para ter tempo de fazer o que queremos.**

Mas para aproveitar totalmente os benefícios da velocidade, é necessário separar a idéia de "veloz" da noção de "atarefado" e tomar mais consciência do que queremos fazer com o tempo extra obtido. Se as tarefas enfadonhas da vida forem agilizadas com um propósito em mente, a probabilidade de atingir essa finalidade e usar a velocidade como ferramenta para fazer o que se quer fazer, em vez de fazer mais de tudo, será maior.

CAPÍTULO NOVE

Desfrutando os Prazeres

Usar a velocidade para levar uma vida mais significativa não é natural para a maioria das pessoas, porque rapidez significa comprometer a jornada, excluir o prazer de desfrutar, certo? Bem, não necessariamente. Embora isso seja verdade em algumas circunstâncias, nem toda experiência possui valor intrínseco. Nem toda experiência nos proporciona a oportunidade de crescer, estabelecer mais relações, encontrar sentido. E, quando sugiro que você adote a velocidade, não estou recomendando caminhadas mais rápidas na praia, ou brincadeiras de pega-pega mais aceleradas com o seu filho. Estou sugerindo que você procure acelerar as minúcias da sua vida pessoal e do trabalho.

O segredo está em identificar a diferença entre tarefas repetitivas e atividades apaixonantes. É possível aprender lições úteis na primeira vez em que realizamos alguma atividade e, talvez, mesmo na segunda, terceira e quarta vez. E, com as lições aprendidas, podemos ficar mais inteligentes e até mais sábios. Mas e se for a vigésima terceira vez, a quadragésima oitava, a septuagésima segunda vez? É aí que a diferença – a necessidade de velocidade – fica clara. Se a atividade for algo de que se gosta, pelo qual se tem paixão – pintura, música, matemática avançada – você pode querer mergulhar na experiência plena cada vez e sempre. Mas em algumas atividades da vida, é preciso buscar a velocidade com cautela. Não morro de amores por fazer compras no mercado ou esperar em fila, portanto eu efetivamente não preciso prolongar essas experiências. Se posso terminar a tarefa mais rápido usando o caixa de auto-atendimento e com o mesmo resultado, então, assim devo agir. Nem morro de paixão por limpar as janelas ou calcular os impostos, portanto vou usar qualquer truque que conseguir descobrir para acelerar (ou eliminar) esses trabalhos.

Não se deve necessariamente procurar agilizar todos os esforços, mas não se deve resistir à velocidade de imediato sob o falso pressuposto de que a agilização significa não dedicar tempo para desfrutar os prazeres. Ao contrário, quando aceleramos a tarefa enfadonha, temos **mais** tempo para acalentar as experiências significativas.

Mas para conseguir avaliar corretamente quando a velocidade será – e não será – benéfica, é preciso adiantar um passo na análise do valor das experiências. Quando refletimos se alguma atividade deve ou não ser agilizada, precisamos examinar se a satisfação plena com o resultado final será ou não comprometida se sacrificarmos a experiência da antecipação. Embora eu creia na compensação imediata muitas vezes como positiva e sem dúvida não deve ser rejeitada apenas por princípio, existem situações em que o adiamento da recompensa torna o resultado mais satisfatório, mais prazeroso. Estudos de imagens de ressonância magnética mostram a relação mais forte entre a liberação de dopamina, substância química do cérebro associada ao prazer e à satisfação, e a antecipação de alguma experiência do que a própria experiência em si.[1] Portanto é totalmente possível que quando se acelera ou elimina o tempo gasto antecipando certas experiências, corta-se o montante total de prazer desfrutado. Mas assim como nem todas as experiências vêm acompanhadas de jornadas que devam ser acalentadas, nem todas resultam em mais prazer se reservarmos tempo para a antecipação. Portanto além de nos questionar. "Será que eu preciso parar e desfrutar o prazer?", devemos também questionar se estamos ou não comprometendo a nossa satisfação, sacrificando a formação emocionante da antecipação. A resposta pode muito bem ser negativa, mas vale a pena refletir.

> **NOTA RÁPIDA**
>
> A dopamina também está relacionada ao vício, inclusive o vício de sexo, de drogas e até de tecnologia. O psiquiatra de Harvard, John Ratey, acredita na sua atuação no uso compulsivo de celulares, computadores portáteis e de mão. Em uma entrevista para a revista *Time*, ele afirmou que, se fosse medida a atividade cerebral durante a reação às interrupções, como no recebimento de ligações ou mensagens eletrônicas, "provavelmente se descobriria o cérebro disparando pequenas descargas de dopamina, como um alerta".[2]

Já mencionei aqui que não gosto de esperar em filas, e faço o possível para acelerar, ou seja, encurtar essa experiência. Mas essa afirmação merece uma análise mais detalhada, porque nem todas as filas são iguais. Estou disposto a comprometer a minha antecipação e, conseqüentemente, o meu prazer do momento em que compro toalhas de papel, portanto procuro um jeito de encurtar o tempo perdido na fila do mercado. Mas outras filas valem o tempo da espera porque tornam a experiência final mais gratificante. Quando era adolescente, fiquei acampado para comprar ingressos para ver o *show* do Eagles e fiquei na fila seis horas. Quando ouvi o primeiro acorde de *Hotel California*, toda a antecipação criada desde o momento que entrei na fila culminou com uma experiência arrepiante. Tenho certeza de que teria adorado a canção de abertura mesmo que não tivesse ficado na fila tanto tempo, mas a antecipação contribuiu para o prazer que desfrutei. Nessa circunstância, se eu tivesse diminuído o tempo gasto para adquirir os ingressos, teria comprometido o valor da antecipação, portanto provavelmente tenha sido melhor não buscar a rapidez nessa situação específica.

Não se deixe enganar e achar que a velocidade sempre tem de vir com o mesmo preço de antes.

Ao escolher as melhores oportunidades para acelerar, considere o valor tanto da experiência que leva ao resultado final (por exemplo, esperar na fila) como o do resultado final em si (por exemplo, toalhas de papel ou *show*). Quando o valor de ambos for pequeno, é uma boa oportunidade de usar a velocidade. Por outro lado, quando o valor de um ou de ambos for significativo, a velocidade pode comprometer o prazer obtido com a experiência. Dito isso, não se deixe enganar e achar que a velocidade sempre tem de vir com o mesmo preço de antes. Os tempos mudaram nesse aspecto.

CAPÍTULO DEZ

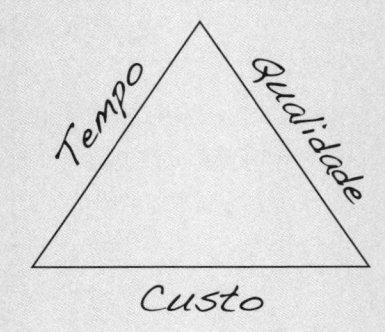

Tempo — Qualidade — Custo

Triângulo Amoroso: Tempo, Qualidade e Custo

Arraigado na nossa percepção de produtos, serviços e atividades existe um conceito microeconômico básico: há um equilíbrio que deve ser mantido entre **tempo**, **qualidade** e **custo**; caso se queira mais de um atributo (item), é necessário sacrificar um outro. Trata-se de uma fórmula testada ao longo do tempo, fundamento básico de muitas decisões tomadas na vida pessoal e profissional ("Rápido, bom, barato: escolha dois"). Dessa maneira, ao tomarmos as decisões, consideramos cada uma dessas variáveis, classificando-as, e atribuindo prioridades. Se o orçamento for limitado, aceitamos que não teremos qualidade de primeira linha. Se precisarmos de qualidade superior, admitimos que seremos atingidos no bolso. E, se precisarmos de algo rápido, provavelmente custará mais, terá qualidade inferior, ou os dois. A crença no sistema tempo-qualidade-custo baseia-se na experiência própria: alimentação *fast-food* geralmente é de qualidade discutível, roupa barata encolhe e se despedaça, e compra de passagem aérea um dia antes da viagem custa mais.

Mas na EV, as regras mudaram. A demanda de velocidade criou um ambiente capaz de sustentar as necessidades e os desejos sem exigir sacrifícios a que outrora teríamos de nos submeter. Embora seja improvável que algum dia as compensações entre tempo, qualidade e custo deixem de existir, o antigo modelo de compensação não é mais válido. Hoje uma gama incrível de produtos e serviços permite almejar a velocidade – atuar mais rápido, realizar mais, aproveitar ao máximo o tempo – sem tomar decisões difíceis e ter que lidar com as "inevitáveis" compensações. Basta considerar a diferença entre os atalhos de hoje e os de 20 anos atrás.

Para algumas pessoas, a palavra **atalho** parece evocar imagens de pessoas preguiçosas realizando um trabalho relapso. Elas resistem aos atalhos porque acham que a qualidade – ou a qualidade percebida – do produto final será prejudicada. A procura de atalhos soa como uma admissão da pouca ética profissional; as pessoas que buscam os atalhos são consideradas mais propensas aos erros. Todos já nos "queimamos" em algum momento por tentar tomar um atalho que não fosse a melhor opção ou fosse impensada, e essa experiência afeta a nossa percepção. Tivemos ou de aceitar um produto de baixa qualidade ou de refazer o trabalho, eliminando qualquer economia de tempo ou de custo proporcionada inicialmente pelo atalho. **A pressa é inimiga da perfeição, certo?**

Bem, não necessariamente! A ausência de foco é inimiga da perfeição. Falta de atenção aos detalhes é inimiga da perfeição. Proponho os atalhos como efetivamente benéficos, porque o atalho pode ser a forma mais rápida e mais eficiente de chegar ao fim. E se tomando um atalho conseguimos nos concentrar mais nos aspectos de um projeto que exija atenção máxima, então ele pode melhorar a qualidade do resultado final. Não estou afirmando que todos os atalhos sejam bons (os cirurgiões provavelmente não devam tomar muitos atalhos), apenas que não devemos rejeitá-los por completo.

Por causa da tecnologia, temos mais atalhos disponíveis que nunca – e essa nova espécie de atalho não apenas produz economia de tempo, como também muitas vezes produz economia de dinheiro, e qualidade equivalente ou superior.

Por exemplo, pense na diferença entre usar um atalho para reservar uma passagem aérea para o exterior há 20 anos e hoje. Na década de 1980, um atalho típico seria ligar apenas para uma companhia aérea e comprar a passagem em vez de ligar para várias e comprar pelo melhor preço. Talvez se economizasse tempo e dinheiro, mas desde que a ligação coincidisse ser para a companhia aérea de melhor tarifa. Claro que havia outros atalhos... Hoje, o atalho mais comum é deixar de lado as ligações telefônicas e entrar em algum *site* de viagens, como o Travelocity.com, Decolar.com e Expedia.com. Em minutos, consegue-se uma reserva e a confirmação por *e-mail*. E, como esses *sites* oferecem uma lista completa de opções de vôo de várias companhias aéreas ordenadas por preço, além de tarifas com desconto muitas vezes disponíveis apenas para as compras eletrônicas, também economizamos dinheiro. Acima de tudo, não sentimos o comprometimento da qualidade – acabamos viajando no mesmo tipo de aeronave em que viajaríamos se tivéssemos pegado o telefone e ligado para um agente de viagens. Alguns chegam a alegar que a qualidade melhora porque a experiência do consumidor seria mais satisfatória quando o processo é mais simples, existem mais opções, e economiza-se tempo e dinheiro. Mesmo assim, a noção de que a velocidade produz uma experiência mais prazerosa e menos estressante é contrária ao que a maioria das pessoas acredita. Talvez seja hora de mudar essa visão – talvez seja hora de adotar a velocidade.

CAPÍTULO ONZE

Rompendo a Resistência

Nesta ramificação do percurso, não posso deixar de estabelecer as conexões com a maneira como reagimos na década de 1990 quando a tecnologia surgiu pela primeira vez invadindo o escritório, a casa e a comunidade. Aparentemente de uma hora para outra, estávamos diante de um grau sem precedentes de **mudança**. E, assim como a **velocidade** nos afeta hoje no nível pessoal e emocional, na década de 1990 as mudanças criaram muita tensão, resistência emocional e desconforto profundo nas empresas e nos lares.

Como se sabe, o agente de toda essa mudança foi a explosão tecnológica – ela assumiu as carteiras de investimento, os modelos de negócios e as vidas pessoais. Os tecnólogos (ordem social que aparentemente atropelou a tendência predominante de uma hora para outra e, depois, multiplicou-se como os *gremlins*[1]) conduziram-nos à "auto-estrada da informação" e coisas começaram a ficar por fazer. De repente, todos tivemos de aprender a interagir com e a usar os computadores, celulares e muitos outros itens que ficam **bipando**, e tivemos de nos arrastar debaixo da mesa para ligar os carregadores. Todos precisamos de habilidades antes reservadas a engenheiros, cientistas, e uma cultura extra de entusiasmo. Conforme os padrões sociais e profissionais começaram a se transformar, conceitos como **inteligente** e **bem-sucedido** foram sendo redefinidos. Idade, escolaridade, conhecimento social e experiência deram lugar ao conhecimento técnico, à criatividade e à capacidade de se adaptar e aprender as novidades.

Até a forma de comunicação foi virada do avesso. Executivos, advogados e médicos bem-sucedidos que não datilografavam há anos de repente se viram diante de uma infra-estrutura de comunicação baseada no correio eletrônico. O nosso vocabulário mudou em nível jamais visto. Aparentemente de uma hora para outra, palavras e acrônimos que antes não faziam nenhum sentido começaram a aparecer em conversas casuais. Palavras que conhecíamos desde a infância foram sendo adaptadas. (Se algum amigo me dissesse que tinha um vírus em 1997, eu entenderia como algo bem diferente do significado que tinha em 1987. E quem imaginaria que **"piratas"** estariam nas manchetes de jornais em 1999?)

O movimento de mudança pressionou-nos por um estado constante de aprendizado, que se mostrou demais para algumas pessoas. Discussões sobre "divisor digital" permeavam as conversas do dia-a-dia, a mídia e as conferências profissionais. Todos sentimos a pressão, mas nem todos estavam prontos ou dispostos a se adaptar. Alguns de nós não queriam começar a usar o telefone celular. Alguns de nós não queriam o computador em casa. E alguns de nós gostavam da maneira como as coisas eram, antes da Internet e antes do correio eletrônico – quando *spam* era uma inocente lata de carne processada e a expressão *backing up*[1 NT] significava a necessidade imediata de chamar o encanador.

Mas assim como a velocidade não mostra sinais de diminuir, a mudança persistiu, exigindo o reconhecimento. E, assim como a familiaridade gera o descaso, inevitavelmente gera a aceitação. Tivemos de reagir – parar de resistir – ou cair na obsolescência. Os modelos organizacionais mudaram das estruturas hierárquicas verticais e descendentes para instituições horizontais mais individualizadas. Os trabalhadores no novo sistema começaram a entender que as companhias, os empregos e as economias eram instáveis e que, para proteger estilo de vida de cada um, precisavam defender a capacidade de nego-

---

1 NT A expressão em inglês **back up** neste contexto significa refluxo de água no encanamento e no contexto atual tecnológico mais comum, de cópia reserva de arquivos do computador.

ciação. **Mudança, flexibilidade e aprendizado permanente** viraram palavras de ordem. E assim chegamos ao momento da virada.

Logo depois do amplo reconhecimento, cresceu o movimento pela aceitação das mudanças. Líderes respeitados, como John Kotter, popularizaram a noção da mudança como algo positivo. De que ela seria tão boa, de fato, que não devíamos apenas aceitá-la, como também procurar promovê-la. Kotter lançou o livro *Liderando Mudança* em 1996, estabelecendo a dicotomia entre gestão e liderança baseada no conceito de gestão mais ligada ao *status quo* e de liderança vinculada à mudança. E *Quem Mexeu no Meu Queijo?*, de Spencer Johnson, parábola sobre como lidar com a mudança com otimismo, autoconsciência e flexibilidade, foi lançado dois anos depois, vindo a se tornar o livro mais vendido internacionalmente, com mais de 10 milhões de cópias impressas depois de dois anos.[2] Empresas e pessoas adotaram a nova visão de mudança, percebendo que, se ela veio para ficar, seria uma boa idéia adotá-la.

Essa mentalidade de aceitar bem a mudança e usá-la a nosso favor começou a mudar o ambiente. O movimento da mudança, por meio da tecnologia e da globalização, renovou a economia e revolucionou as nossas relações com o mundo externo, individual e coletivamente. Agora a empresa precisa de um mercado global de fornecedores e clientes para operar.

A absoluta penetração da tecnologia ilustra a extraordinária aceitação da mudança. Em 2006, a revista *Computerworld* trouxe esta afirmação, "Se, há 20 anos, todos os *personal computers* (PCs) sumissem, você resgataria a sua máquina de escrever e faria praticamente o mesmo trabalho. Se, há 10 anos, a Internet inteira parasse de funcionar, o efeito nas organizações seria desprezível. Hoje, porém, qualquer um desses fatos paralisaria totalmente as empresas."[3]

O novo universo da mudança foi montado em uma década. Nos próximos 10 anos, o mesmo irá se repetir – só que dessa vez a revolução será com a velocidade. A experiência cultural, empresarial e individual está passando por outra grande transformação – igualmente poderosa e com potencial para ser igualmente positiva. Se conseguirmos aceitar o potencial positivo oferecido pela velocidade, poderemos realizar mais, ser mais, viver mais. O movimento da mudança serve de modelo para nos guiar na EV: em vez de avançar contra a velocidade, jurando encontrar soluções para moderá-la, devemos adotá-la e encontrar maneiras de acelerar mais.

A nossa resistência à velocidade foi motivada por forças que sofreram mudanças dramáticas nos últimos anos.[4] Nem todos os valores outrora aplicados ao conceito de velocidade ainda são relevantes. Embora tenhamos aprendido que, com a adoção da velocidade, forçosamente comprometemos a qualidade, o custo, os nossos valores e a nossa paz de espírito, essas regras não necessariamente se aplicam na EV – e quando se aplicam, não é preciso rejeitar de imediato a velocidade, simplesmente se deve atentar mais ao valor das nossas experiências. Não se deve mais presumir a permanente necessidade de fazer concessões quando a velocidade é estabelecida como prioridade. Não se deve presumir que, se a velocidade for adotada, a vida simplesmente ficará cada vez mais atribulada. Existe um novo ambiente, um novo jogo e é preciso atuar com regras diferentes. É preciso se adaptar, evoluir e mudar as percepções ultrapassadas ou equivocadas a respeito da velocidade. É necessário reformular a maneira de definir, gerir e categorizar a nossa época.

PARTE TRÊS

A GRANDE INDEFINIÇÃO

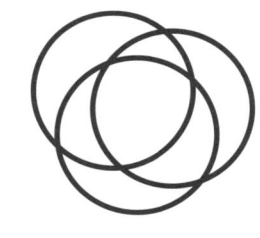

CAPÍTULO DOZE

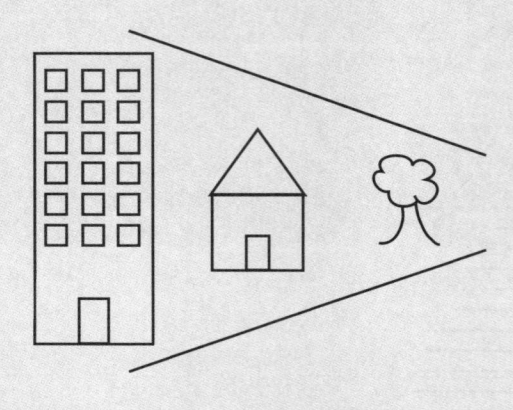

SEM LIMITES

*P*or causa da escassez de tempo na EV, cada vez mais pessoas lutam para conciliar trabalho e casa, mas a minha amiga Ann consegue tudo isso. Além de advogada bem-sucedida no campo da propriedade intelectual e mãe de dois filhos, ela não encontra dificuldades para defender as suas horas de lazer e a vida familiar contra a invasão do trabalho. Depois de deixar os filhos na escola, Ann chega ao trabalho na mesma hora todas as manhãs. No escritório, ela passa a manhã cuidando das necessidades dos clientes e dos sócios, assim, quando vai almoçar, nem pensa no trabalho. Ela almoça com algum amigo, ou sozinha, lendo um romance. À tarde, completa o restante das responsabilidades programadas – uma hora para ligar para os clientes, uma hora para verificar as mensagens eletrônicas, duas horas para analisar os casos. Ela sai do escritório todos os dias às 17 hs e se desliga completamente: quando chega em casa, todo o seu tempo e a sua atenção são concentrados na família, nas atividades de lazer e no relaxamento.

Existe apenas um problema nessa história: **é falsa**. Ann sonha com essa vida, mas ela não é a sua realidade. As probabilidades de encontrarmos uma profissional bem-sucedida com uma vida como essa são as mesmas de passarmos primeiro a geléia no pão quando preparamos um sanduíche de creme de amendoim e geléia. (É sério, isso é bem raro. Noventa e nove por cento das pessoas começam passando o creme de amendoim.[1] Fala a verdade, agora você não está feliz de ter comprado este livro?) Assim como a maioria das pessoas na EV, a minha amiga Ann sente-se exausta, pressionada em direções opostas, picotada nas junções. Levar as crianças à escola muitas vezes significa chegar mais tarde do que gostaria ao escritório quando uma delas perde a mochila ou esquece o lanche. Os seus clientes e sócios precisam dos seus serviços o dia inteiro, não apenas de manhã, e muitas vezes eles interrompem quando ela está tentando terminar de estudar algum caso ou ler as mensagens eletrônicas. Algumas vezes ela acaba trabalhando até tarde da noite ou respondendo a alguma mensagem de casa. Ela se sente culpada e acha que está negligenciando a família e ficando viciada no trabalho, mas fica difícil se desligar. Ann sofre com um dos efeitos colaterais mais comuns da EV: **os limites indefinidos entre trabalho e casa.**

Uma das razões dessa indefinição está na extinção em ritmo fenomenal da desconexão. A tecnologia continuamente fica mais rápida, mais inteligente, mais barata e mais portátil, portanto estamos ficando cada vez mais conectados com o trabalho quando estamos em casa ou passeando. Embora o trabalho não nos deixe mais acorrentados à mesa ou à área de trabalho, estamos sentindo o fenômeno do "permanentemente conectado" – seja por correio eletrônico, mensagem de texto, mensagem instantânea ou ligação de celular, quase sempre estamos acessíveis.

NOTA RÁPIDA

Em 2006, os hotéis Hyatt começaram a oferecer uma massagem especial nos braços, nas mãos e nos dedos para tratar das dores da multidão de usuários de computadores de mão. O serviço especial é conhecido como: "bálsamo *BlackBerry*".[2]

Com a evolução da tecnologia de rede, e com a maior disponibilidade e facilidade dos telefones celulares, computadores de mão, portáteis e similares, as nossas relações com o tempo – a forma como o definimos, administramos e usamos – mudou radicalmente. Hoje conseguimos manter contato quase constante com amigos e familiares, ter acesso imediato a uma gama incrível de opções de entretenimento, e conduzir os negócios à distância e de qualquer local (do avião, do trem ou da cama), com isso, as definições tradicionais de tempo, assim como a nossa percepção tradicional de velocidade, ficaram obsoletas.

A grande indefinição dos limites entre horário livre e horário de trabalho dá a impressão que todo o nosso tempo está comprometido, que não é nosso para podermos controlá-lo. Não importa quão rápido achemos que estamos caminhando, parece cada vez mais difícil dedicar tempo às atividades que consideramos significativas – seja com a família, com os clientes, em filantropia e ou em qualquer outro tipo de atividade. Mas parte da culpa desse problema, reputo à estrutura ultrapassada usada para delinear e organizar o tempo. Definimos o tempo em porções pequenas – trabalho, casa e lazer – mas essa divisão não é mais exata. Hoje, assim como Ann, a maioria de nós lida com constantes sobreposições de atividades e prioridades indefinidas.

Esse problema remonta ao momento de transição da sociedade agrícola para a industrial, quando as pessoas passaram a definir o tempo de acordo com o local onde o gastavam. O trabalho deixou de ser apenas algo que as pessoas executavam, tornando-se o local para onde elas iam. Conseqüentemente, o tempo ficou associado aos limites físicos por mais de um século.[3] Depois de todo esse tempo, acostumamos com a idéia de que trabalhamos quando estamos no escritório ou na fábrica. Realizamos as tarefas domésticas quando estamos na cozinha. Relaxamos quando estamos na sala de estar ou no parque.

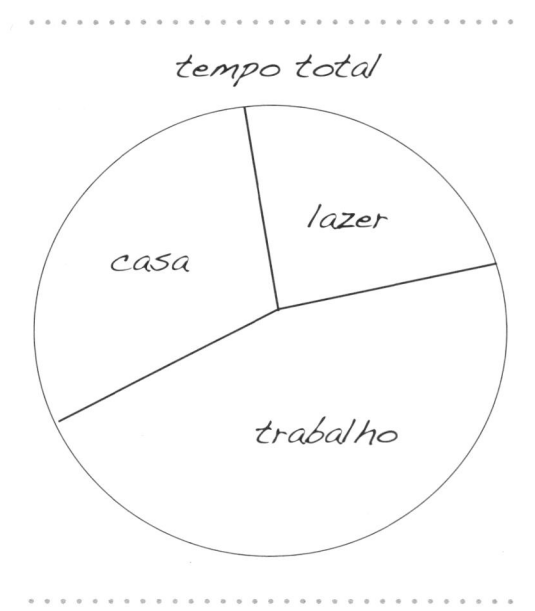

Gráfico de pizza dividido em três partes: "tempo total" (indicado no topo), com as seções "lazer", "casa" e "trabalho".

Com isso, ficava fácil definir e simples entender, o tempo. O tempo era controlável. Se ficássemos demasiadamente estressados ou achássemos que o trabalho estava prejudicando o tempo de lazer, a resposta estava em simplesmente reduzir o tempo gasto no trabalho e aumentar o tempo gasto em casa ou em qualquer que fosse o local aonde iríamos para nos divertir ou relaxar. A decisão era baseada em uma simples opção: passar menos tempo no local X e mais no local Y. Talvez houvesse outros aspectos mais complexos para tomar a decisão (o que seria necessário fazer para gastar menos tempo no trabalho?), mas a solução básica era direta.

Hoje, no entanto, trabalho não é mais o local – é um **estado de espírito**. Os limites voltados ao espaço e às tarefas que outrora regiam como o tempo era gasto ficaram obscuros, quase invisíveis. E, em vez de três porções distintas de tempo, acabamos com uma enorme estrutura de tempo em formato de pizza com uma cobertura mista de trabalho, casa e lazer em permanente transformação.

tempo total

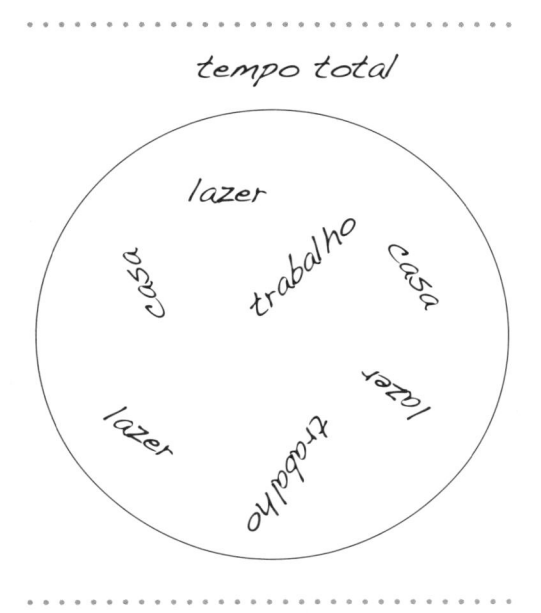

lazer — *casa* — *trabalho* — *casa* — *lazer* — *trabalho* — *lazer*

A estrutura que mantinha a nossa disciplina de tempo e o trabalho em uma caixinha bem organizada, ficou obsoleta.

Mas proponho que, definindo uma nova alternativa para o modelo trabalho-casa-lazer, conseguiremos tirar proveito de todas as oportunidades disponíveis hoje com mais facilidade, e sentiremos os benefícios de uma forma evoluída de vida. Não apenas conseguiremos abrandar o sofrimento com o efeito colateral mais comum da EV (os limites indefinidos entre trabalho e casa), como também estabelecer uma finalidade individual para a aceleração, uma maneira de usar o tempo economizado, em atividades mais importantes para nós.

CAPÍTULO TREZE

CRIANDO UMA NOVA ESTRUTURA

Yvon Chouinard, fundador e CEO (*chief executive officer*, ou executivo principal) da empresa de roupas e equipamentos esportivos Patagonia, frequentemente conta a história de uma viagem realizada com os líderes de sua companhia à América do Sul – para a **verdadeira** Patagônia. A companhia havia crescido de forma fenomenal em meados da década de 1980, mas a recessão no final da década a atingiu gravemente. Em posição difícil, os executivos tinham de adotar alguma medida radical, assim viajaram para a Argentina e escalaram uma montanha. (Nada de salas de reuniões para esses aventureiros). Ao chegarem ao topo da montanha, eles não conversaram sobre a estratégia que precisavam adotar para trazer de volta aos trilhos os resultados financeiros; falaram da visão deles de um futuro ideal – não do que **tinham** de fazer, do que **desejavam** fazer. Eles sabiam que se retornassem às suas raízes, à sua paixão, conseguiriam resolver o problema enfrentado. Chouinard cita diversos princípios que ele e a sua equipe elaboraram nessa viagem, mas um em particular chamou a minha atenção.

A equipe da Patagonia percebeu que, na companhia ideal imaginada por eles, não havia distinção entre trabalho e casa ou lazer. Eles acreditavam que deveriam desfrutar as oito a dez horas por dia de trabalho tanto quanto ou mais que as demais horas da vida. Não achavam que precisavam redefinir os seus valores e a paixão durante as horas de trabalho. E, se não mudavam os seus valores de hora em hora ou do domingo para a segunda, por que deveriam mudar a maneira de concentrar o tempo – todo o tempo deles?

Naturalmente, essa não foi a primeira vez que tinha ouvido falar de misturar trabalho e prazer, mas a história de Chouinard semeou uma idéia na minha cabeça: é isso exatamente de que precisamos para resolver o problema que está deixando as pessoas divididas entre trabalho e casa na EV escassa de tempo. A solução encontrada por ele seria o contexto evoluído que devemos aplicar para substituir o modelo ultrapassado de tempo, trabalho-casa-lazer.

Chouinard e os seus funcionários da Patagonia não procuram novas formas de manter o trabalho excluído do tempo pessoal deles – eles procuram maneiras de inserir o tempo pessoal e a paixão no trabalho. O tempo deles é organizado e estruturado de acordo com aquilo que eles valorizam, que lhes dá prazer – e não com o espaço físico que ocupam ou a tarefa específica que executam. Em lugar de pensar no tempo deles como uma divisão entre trabalho, casa e lazer, eles o consideram um recurso que propicia explorar os seus valores e atingir as suas metas. E funciona: hoje, a Patagonia, que ainda é uma empresa de capital fechado, apresenta um faturamento anual de aproximadamente US$ 250 milhões.

> ### NOTA RÁPIDA
>
> Sediada na região costeira da Califórnia, a Patagonia adota uma política no qual os funcionários amantes do surfe e adeptos de manobras radicais podem sair do trabalho quando as ondas estão propícias. O oceano não obedece ao horário de expediente, assim Chouinard não vê razão para os surfistas que trabalham na Patagonia perderem as ondas de segunda a sexta.

Para entender a evolução, pense que, se um trabalhador administrativo da década de 1950 diagramasse o tempo dele em um gráfico de pizza, provavelmente seria parecido com a definição tradicional de tempo ilustrada na página 66. Agora compare esse gráfico com aquele que seria parecido com o de Chouinard: os segmentos provavelmente seriam baseados nos valores.

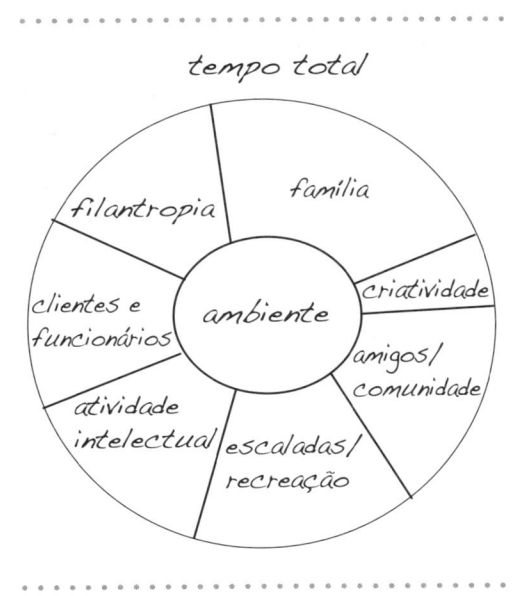

tempo total

(Diagrama circular com segmentos: filantropia, família, criatividade, amigos/comunidade, escaladas/recreação, atividade intelectual, clientes e funcionários; centro: ambiente)

Na EV, o nosso tempo é mais fluido — o que deve funcionar a nosso favor.

Quando deixamos de aplicar ao tempo a estrutura trabalho-casa-lazer e começamos a aplicar a estrutura baseada nos valores, passamos de uma visão obstruída, centrada no contexto espacial e nas tarefas, para uma perspectiva aberta e consciente baseada naquilo que valorizamos e desejamos realizar. Na EV, o nosso tempo é mais fluido – o que deve funcionar a nosso favor, não nos deixar estressados e exaustos.

Da mesma forma que podemos atender a necessidade de algum cliente à velocidade da luz sentados no sofá de casa, podemos enviar fotos da família aos parentes enquanto estamos no trabalho. Pais podem trabalhar em casa quando os filhos estão doentes, e amigos podem trocar entre si mensagens de texto no momento em que a aeronave aterrissa, para agendar uma visita durante uma viagem de negócios. Podemos integrar casa e lazer ao trabalho, assim como o trabalho foi integrado à casa e à hora de lazer. O tempo pode ser um recurso ímpar poderoso, usado para realizar as metas e os sonhos, onde quer que estejamos.

Quando implementamos em nossas vidas o modelo de tempo baseado nos valores, o tempo transforma-se em ferramenta para organizar prioridades e valores em lugar de tarefas e locais – o modo como gastamos o tempo reflete quem somos e não onde estamos ou o que estamos fazendo. Não se trata de quanto se tem para fazer ou quão rápido se está atuando, trata-se de saber se o modo como gastamos o tempo está ou não alinhado aos nossos valores e às nossas metas.

> ### NOTA RÁPIDA
>
> Jonathan Schwartz, CEO da Sun Microsystems, disse a um repórter da revista *Fortune*, "Não há linha divisória entre vida pessoal e profissional, principalmente se você se importa muito com o que faz. Eu costumava ficar realmente angustiado com isso, mas, depois, foi verdadeiramente libertador."[1]

Os benefícios desse novo modelo tampouco se restringem ao nível individual. Existe uma tendência crescente entre as companhias de promover o tempo sem limites visando tanto o desenvolvimento dos funcionários como os resultados financeiros. Na Best Buy, com o programa Results-Only Work Environment (ROWE) *[Ambiente de Trabalho Voltado Exclusivamente aos Resultados]*, os funcionários têm liberdade de decidir onde, quando e como trabalhar – desde que o trabalho seja concluído. A Best Buy foi bem além da abordagem típica de flexibilidade de horário – permitindo aos funcionários começarem e terminarem o expediente em torno de um horário básico – e os incentiva a quebrar todas as regras dos procedimentos operacionais padrões de negócios. Não se trata mais de quantas horas o funcionário passa no escritório; trata-se exclusivamente de produtividade e resultados. Conseqüentemente, a avaliação de como se gasta o tempo é totalmente diferente. De acordo com Cali Ressler, consultora e ex-funcionária que ajuda a administrar o programa: "Você começa olhando tudo e dizendo, será que isso realmente vai me ajudar a chegar ao resultado que desejo? Logo você corta 10 dos itens desnecessários que costumavam preencher a sua semana, e acaba conseguindo realizar muito mais."[2] Os funcionários regularmente ligam para saber das reuniões em vez de participar pessoalmente, trabalham até tarde da noite quando sabem que colegas de outros países estão trabalhando, e gastam várias horas almoçando ou passeando no parque em dias bonitos.

Mas o programa ROWE não é apenas um novo tipo de sistema de flexibilização de horário; é uma completa guinada nas operações empresariais, da perspectiva tanto do empregador como do empregado. Jody Thompson, ex-funcionária e sócia de Ressler, descreve a magnitude da mudança: "Basicamente, estamos mudando as conexões cerebrais das pessoas, livrando-as de um antigo sistema de crença da década de 1950 que não é mais relevante para o universo corporativo tecnologicamente avançado de hoje. Queremos que as pessoas parem de pensar no trabalho como o lugar aonde elas **vão**, cinco dias por semana, das 8h às 17 h, e comecem a pensar no trabalho como algo que elas **fazem**."[3]

Os benefícios são notáveis. Os funcionários das divisões participantes do programa relatam melhorias nas suas relações familiares, na lealdade para com a companhia e na concentração no trabalho desde o início do programa.[4] E os efeitos estão influenciando os resultados financeiros, também. Levantamentos mostram um aumento de 35% na produtividade dos funcionários trabalhando no programa ROWE. As estimativas indicam que a companhia deve economizar até US$ 13 milhões por ano em custos com rotatividade quando todos os quatro mil funcionários corporativos aderirem ao programa. Talvez Steve Hance, gestor de relações com os funcionários, tenha resumido bem: "Eu costumava programar a minha vida em torno do trabalho. Agora, programo o trabalho em torno da minha vida."[5]

Se pararmos de analisar o tempo de acordo com as definições ultrapassadas de trabalho, casa e lazer, provavelmente ficaremos menos estressados com a indefinição dos limites. Se deixarmos de forçar a separação entre essas três áreas da vida, não sofreremos quando elas se misturarem – ao contrário, encontraremos soluções. Quando mandarmos uma mensagem eletrônica a um cliente, às 8h da noite, do sofá de casa, não devemos nos questionar, será que estou trabalhando no tempo dedicado à família? Como hoje muitos de nós trabalha em casa, a resposta a essa pergunta não resolve a real questão – e sem uma maneira prática de separar casa do trabalho, o questionamento apenas aumenta o estresse e a ansiedade. Devemos nos questionar, será que o tempo total gasto com a família hoje (ou esta semana) está em sincronia com a importância desse tempo com a família? Se a resposta for positiva, podemos ficar em paz com a nossa opção de enviar a mensagem ao cliente. Se a resposta for negativa e estivermos gastando tempo demais com os clientes em detrimento da família, temos uma variedade de alternativas para modificar o equilíbrio: gastar mais tempo nas tarefas profissionais quando os familiares não estiverem disponíveis, examinar outras fatias do gráfico de pizza para verificar se não gastamos mais tempo com outra atividade importante para nós em detrimento do trabalho, e assim por diante. Chega de estresse por causa das intromissões e interrupções, chega de dúvidas sobre prioridades trocadas, chega de ressentimento por causa da perda de controle do nosso próprio tempo.

Pense novamente em Yvon Chouinard da Patagonia. Independentemente de estar em casa, no escritório ou no topo de uma montanha, ele gasta o tempo protegendo o meio-ambiente. Ele gasta o tempo cultivando a família. Ele gasta o tempo desenvolvendo a Patagonia. E, quando ele está em uma chamada em conferência de casa, sua vida pessoal não está dando lugar ao seu trabalho e o seu trabalho não está dando lugar à sua vida pessoal. O seu tempo é um recurso coeso investido por ele em múltiplos valores.

Embora o modelo trabalho-casa-lazer outrora tenha sido uma boa ferramenta para priorizar o tempo e equilibrar os valores, ele não serve mais em nosso novo ambiente. A estrutura evoluída, baseada nos valores, permite-nos organizar o tempo conforme as prioridades com uma visão mais expandida – uma visão ampla o suficiente para a EV. Ela alivia o estresse de ter de separar o tempo em trabalho, casa e lazer, constantemente combatendo a interferência, e ela nos dá liberdade para buscar os nossos valores e desfrutar a nossa paixão a qualquer momento do dia.

Naturalmente, nem todos conseguem aplicar o modelo baseado nos valores na mesma escala aplicada pela Best Buy e Patagonia. Afinal algumas pessoas são pagas por hora e assim não têm outra opção a não ser vincular o trabalho a horas e locais precisos. Outras exercem funções que não lhes permitem muita liberdade para realizar nenhum interesse pessoal durante o expediente. Se você não for um empresário ou não ocupar uma posição que permita promover mudanças em nível organizacional, talvez sinta não conseguir organizar o tempo de acordo com os seus valores porque precisa organizá-lo de acordo com os valores do seu chefe. Mas o modelo baseado nos valores funciona em escala menor, também – mesmo sendo limitado o montante da sua programação que você possa reestruturar.

Qualquer que seja a sua situação de trabalho, mudar a perspectiva de tempo focada nas tarefas e no local físico para uma visão focada nos valores pode ajudar a enfrentar as pressões diárias comuns na EV. A solução do modelo baseado nos valores é um exercício de consciência – de conscientização dos seus valores. Basta certo grau de adaptação refletida. Questione-se, como posso explorar os itens que considero significativos enquanto eu trabalho? No consultório do meu médico, uma enfermeira me disse que a missão dele na vida seria **proporcionar alegria às pessoas**. Ele concentrava o tempo – tanto no trabalho como fora dele – em fazer exatamente isso. Sempre que vou lá, ouço-o cantarolando pelo corredor antes de entrar na sala – e há sempre um rastro de risadas e vozes felizes atrás dele. Ele mescla o seu tempo profissional com os valores pessoais. E isso o torna mais feliz e mais produtivo. Algumas pessoas conseguem mesclar o tempo pessoal e profissional com mais facilidade que outras, mas mesmo uma pequena mudança pode ter um profundo impacto na sua vida.

CAPÍTULO QUATORZE

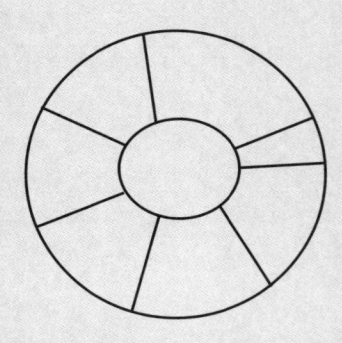

Definindo a Nossa Própria Estrutura

Para aplicar esse novo contexto ao tempo, visando modificar a perspectiva que define a nossa relação com a velocidade, temos de gastar certo tempo pensando em como gastamos o tempo. Se nos livrarmos do contexto trabalho-casa-lazer, precisamos substituí-lo por algo que nos ajude a organizar o tempo e aproveitar ao máximo cada momento.

Primeiro, temos de examinar o **porquê** – a razão por trás da pressa. Precisamos reservar tempo para pensar no que desejamos fazer com o tempo obtido acelerando as minúcias, aplicando a velocidade às trivialidades da vida. Quando identificarmos o porquê de estarmos acelerando, a velocidade em si ficará mais significativa nas nossas vidas – ela assumirá o valor merecido.

Depois, devemos estudar o **o quê** – que valores pertencem à nossa estrutura, como desejamos gastar as horas, os dias. Essa nova estrutura não traz uma solução única para tudo. Ao contrário do modelo trabalho-casa-lazer, o modelo baseado nos valores requer certa reflexão. O tempo deve ser organizado de acordo com a importância dada à família, a importância dada ao trabalho, a importância dada aos momentos exclusivamente individuais, aos amigos, aos bens materiais, ao ambiente, à política e a várias outras questões sociais. E, uma vez definida a estrutura, devemos consultá-la sempre, considerando objetivamente se o modo como gastamos o tempo reflete ou não aquilo que valorizamos.

Concentrado no valor atendido em cada tarefa, em vez de na tarefa em si, é possível aproveitar ao máximo o tempo escasso – e é possível gerir com êxito as prioridades. Consegue-se entender melhor como o tempo está sendo usado para sustentar os valores, e consegue-se fazer ajustes baseados em avaliações mais abrangentes e mais relevantes.

O novo modelo nos força a considerar aquilo que valorizamos e se o nosso comportamento está alinhado a esses valores. Ele amplia as nossas perspectivas e oferece a oportunidade de conduzir a vida examinada com menos estresse, mais direção e maior potencial de prosperidade. Trata-se de uma abordagem ativa e responsável da vida em uma era constituída de limites reduzidos entre trabalho, casa e lazer. A estrutura baseada nos valores nos ajuda a fazer a velocidade atuar a nosso favor – ajuda a enxergar que, longe de ser apenas uma medida a ser melhorada, a velocidade é uma ferramenta para alcançar mais significado e atingir mais dos objetivos importantes para cada um de nós.

Mas para viver uma vida significativa e importante, não nos basta apenas uma nova perspectiva – precisamos de tempo suficiente para sustentar todos os nossos valores. Em outras palavras, precisamos de velocidade. Afinal, a vida gasta na valorização da família, dos amigos, dos bens e do desenvolvimento intelectual provavelmente seja mais gratificante do que aquela vivida apenas correndo atrás dos bens materiais e do crescimento intelectual, mas uma vida mais rica também exige mais tempo. Se quisermos usar as horas e os dias para promover as nossas grandes metas, precisamos usar a velocidade para criar tempo suficiente visando buscar algo além de simples obrigações profissionais e tarefas mundanas.

PARTE QUATRO

QUATRO PERFIS

CAPÍTULO QUINZE

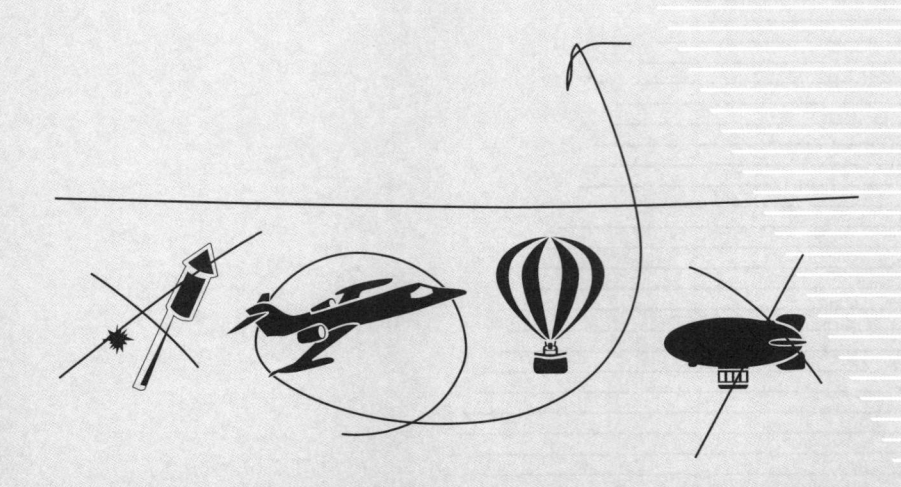

Velocidade, Sucesso e Fracasso

A minha filha Alex teve muita dificuldade para aprender a andar de bicicleta. Ela insistia em aprender sozinha, e o processo foi demorado e acompanhado de uma quantidade impressionante de joelhos esfolados. Mas me lembro do dia em que ela finalmente teve um avanço extraordinário.

Ela estava pedalando devagar para não bater e se machucar de novo, mas parecia não conseguir manter o equilíbrio. As rodas da bicicleta balançavam de um lado a outro, e ela deu uma guinada frenética para se manter de pé quando inclinou, primeiro para a esquerda e, depois, para a direita. Eu a vi começando a cair e fiquei tenso, pronto para sair correndo e acudi-la. Então, no último esforço resistindo para se manter de pé, ela começou a pedalar mais rápido.

De repente, a bicicleta estava seguindo em linha reta, não mais balançando ou inclinando de um lado a outro. Assim que Alex acelerou, tudo ficou bem mais simples. Ela adquiriu ritmo, mantendo um movimento rápido e regular.

Ela conseguiu desviar facilmente de uma pedra no caminho, e continuou descendo pela calçada como se já pedalasse há anos. Mas, aí, a sorte mudou. No seu entusiasmo, ela olhava para mim com um enorme sorriso de orgulho. Estava andando rápido, mas sem olhar na direção em que seguia – que, infelizmente, dava direto em um carro estacionado. Ela saiu da provação com alguns arranhões, mas descobriu algumas lições importantes.

Quando Alex acelerou, descobriu que conseguia manter o equilíbrio com pequenas correções conforme continuava pedalando, em vez de balançar aos trancos o guidão de um lado ao outro. A velocidade ajudava a estabilizar a bicicleta. Ela conseguia contornar os obstáculos pelo caminho sem entrar em pânico e cair – manter-se de pé ficava infinitamente mais fácil. Ela descobriu que o segredo para uma pedalada segura e tranqüila estava em acelerar até o limite de manter o controle e olhar para frente, sem balançar desesperadamente e sem ficar olhando para as rodas. Alex aprendeu que resistir à velocidade levava ao tombo, ao passo que aproveitá-la tornava a pedalada mais fácil e bem-sucedida – até ela perder o foco e o controle.

Observando Alex no primeiro fracasso e, depois, no êxito ao aprender a aproveitar a velocidade, pensei em como os mesmos princípios se traduziam no sucesso ou fracasso das empresas e das pessoas na EV. Quando se está andando de bicicleta, se está em um ambiente que estabelece uma velocidade mínima para o êxito. Muitas pessoas e empresas hoje se encontram em situação semelhante. Mas aproveitar a velocidade não foi o suficiente para manter Alex em cima da bicicleta. Com isso ela superou a primeira bateria de obstáculos, mas tinha de fazer algo mais para evitar colidir com o carro. Hoje, o mesmo vale para as pessoas e empresas se empenhando na busca do sucesso. Quando se está em um ambiente que requer velocidade, é preciso adotá-la.

E se ela for adotada, é necessário saber o que conduz ao sucesso em alta velocidade, para evitar a colisão.

Avaliando essas três questões centrais – se a velocidade é adotada ou evitada, se ela é exigida em algum ambiente específico ou é irrelevante, e se ela atua a favor ou contra a pessoa ou a organização em questão – percebi o surgimento de quatro padrões de comportamento na EV. Para descrevê-los, apresento quatro perfis: Zepelins, Balões, Rojões e Jatos. Juntos, eles se encaixam em uma matriz de dois por dois:

	Resistir à velocidade	Adotar a velocidade
Sucesso	Balões	Jatos
Fracasso	Zepelins	Rojões

Depois de conhecê-los, será possível reconhecer os comportamentos que categorizam esses perfis por toda parte que se observar – entre os colegas, na família, na empresa, na recepcionista do consultório do dentista, nas personalidades da TV. Será possível reconhecer até mesmo os seus próprios padrões de comportamento.

CAPÍTULO DEZESSEIS

Zepelins

Você já trabalhou com ou para alguma companhia que exigisse cinco, sete ou até onze níveis de aprovação para a mais simples iniciativa ou comunicado? Já imaginou como uma companhia sobreviveu tanto tempo dependendo de métodos arcaicos e lentos de comunicação, obtenção de dados e atendimento ao consumidor? Já se viu em uma reunião, forçado a ouvir alguém reclamar de como as mudanças são rápidas ou como é impossível agir mais rápido, sem motivo até mesmo para explorar a possibilidade?

Provavelmente você foi atingido por um Zepelim, e são grandes as probabilidades de ter saído do encontro se contendo para não berrar de frustração. O Zepelim não está tentando enlouquecê-lo. É apenas a reação instintiva dele diante da velocidade que enxerga vindo em sua direção – **resistir, resistir, resistir**. O fato é que ele não sabe que é inútil resistir. Ele não enxerga nenhuma outra opção.

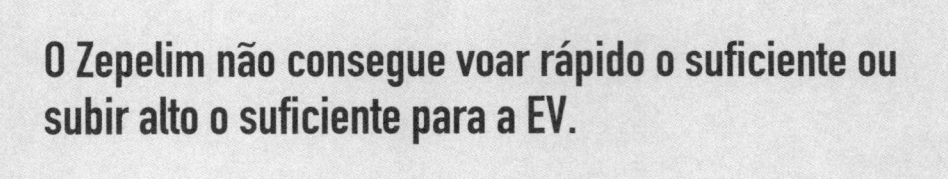

O Zepelim não consegue voar rápido o suficiente ou subir alto o suficiente para a EV.

O Zepelim segue em ritmo indolente, e a sua manobra ou a mudança rápida de curso é difícil. O Zepelim é lento e se desloca com dificuldade, perigoso e potencialmente explosivo – e, assim como o famoso dirigível Hindenburg, está fadado ao fracasso. Hoje, ele está obsoleto: o Zepelim não consegue voar rápido o suficiente ou subir alto o suficiente para a Era EV.[1]

> ### NOTA RÁPIDA
>
> Trinta e seis pessoas morreram quando o dirigível Hindenburg, com 245 metros de comprimento, explodiu e se espatifou no solo em 1937. Ele carregava mais de 200 mil metros cúbicos de hidrogênio.[2]

O Zepelim vê a velocidade se aproximando e sente-se ameaçado ou zangado. Ele não enxerga nenhuma maneira de avançar mais rápido. Não consegue entender por que alguém **possa querer** acelerar. Ele vê a velocidade como o arauto da catástrofe iminente: mais estresse, mais trabalho, caos. É cego para o universo de opções e oportunidades proporcionado pela velocidade.

Como se sabe, isso geralmente não leva ao sucesso e à felicidade. O Zepelim muitas vezes sente-se pressionado, estressado, sem controle da própria vida. Constantemente aciona os freios, mas nada acontece – o mundo em torno dele movimenta-se firme e rápido em ritmo cada vez mais acelerado. Todos exigem dele, e ele simplesmente **sabe** que não consegue atender as demandas. A única opção para assumir o controle, pelo menos na visão do Zepelim, seria desacelerando. Assim o Zepelim cria, de todas as formas, muros entre ele e a velocidade.

Ele simplesmente não demanda a velocidade. Resiste a adotar a tecnologia que o ajude a acelerar. Raramente utiliza a Internet, seja para comprar, explorar ou encontrar respostas para as perguntas mais básicas. Se precisar de algo rápido, tem certeza de que terá de sacrificar algo em troca da agilização. Ele prefere fazer tudo no seu ritmo, quaisquer que sejam os custos.

Assim como se espera de qualquer abordagem enraizada na resistência, as tendências do Zepelim são perigosas para as empresas. Veja, por exemplo, a Eastman Kodak – companhia sólida, lucrativa e inovadora ao longo de todo o século XX, que não vem desempenhando bem no século XXI. Um dos seus maiores problemas foi não adotar a velocidade em um ambiente que a demandava.

Embora a câmera digital tenha sido inventada na Kodak em 1994 e a empresa tenha uma marca reconhecida que a poderia ter transformado em uma potência nos primórdios do mercado digital, ela se mostrou **lenta demais** para o seu ambiente. Embora a companhia estivesse teoricamente seguindo um plano decenal visando passar gradualmente para a tecnologia digital, efetivamente pouco estava mudando.[3] Somente depois de 2000 a Kodak lançou todo o seu prestígio e força para vencer na revolução digital.

Assim como outros Zepelins, a Kodak resistiu ativamente à velocidade, apesar da demanda do ambiente. Assim, em 2000, a sua entrada tardia na briga pela fatia de mercado foi reativa e preventiva. Em vez de capitalizar a reação positiva dos clientes à velocidade das câmeras digitais, a Kodak lançou o programa de câmeras digitais como uma opção alternativa, continuando, ao mesmo tempo, concentrada nos lentos negócios de filmes negativos, tentando atrair de volta o consumidor, com uma estratégia agressiva de *marketing*.[4] Mas como as câmeras digitais continuavam a evoluir e ficar mais baratas, o consumidor não se dispunha mais a esperar pela revelação do filme, e nenhuma campanha de *marketing* conseguiria impedir a mudança.

As inovações de fácil uso oferecidas pela Kodak acabaram rendendo à empresa uma participação maior no mercado de câmeras digitais, mas, na ocasião, a popularização e a competição já haviam fatiado as margens de lucro. A Kodak poderia ter aproveitado a vantagem do pioneirismo, mas perdeu a oportunidade por causa da lenta reação e do tardio reconhecimento da ameaça digital.[5] Enormes prejuízos no setor de filmes negativos enfraqueceram os modestos lucros do tardio sucesso digital, e a companhia registrou prejuízos contínuos do terceiro trimestre de 2004 até o mesmo trimestre dois anos depois. Apenas em um trimestre, a Kodak perdeu US$ 37 milhões.[6]

Antonio Perez, CEO da Kodak, promovido ao posto em 2003, reconheceu a resistência da companhia à velocidade e adotou um plano que acreditava pudesse levar a empresa de volta ao lucro até o final de 2007. Perez afirmou estar lutando contra a tendência arraigada da Kodak de "testar um novo produto ou serviço – e, depois, testar e testar mais uma vez para deixá-lo perfeito, mesmo isso esticando a jornada até a chegada ao mercado"[7] – mesmo o resultado incremental em termos de qualidade não justificando o tempo adicional. A Kodak tradicionalmente ignorava os benefícios da velocidade, mas a filosofia de Perez enfatizava a adoção da velocidade e as oportunidades oferecidas por ela: em uma das suas sete noções de inovação ele ressaltou: "A velocidade é crítica, portanto acelere a sua companhia."[8]

Embora a Kodak tenha um longo percurso à frente, as ofertas mais recentes da companhia parecem promissoras. Se elas puderem chegar ao mercado com rapidez suficiente, a Kodak pode emergir do seu passado Zepelim como uma companhia mais veloz e com potencial para prosperar na EV.

CAPÍTULO DEZESSETE

Balões

Balão é o sujeito feliz e a organização de sucesso que **não procura a velocidade e não precisa dela**, como é o caso de: gurus espirituais, testadores de perfumes, pequenas empresas de itens de coleções de artesanato. Ocasionalmente é possível encontrar um Balão no trabalho de escritório, mas provavelmente em uma posição rara em que consiga seguir o seu ritmo e não fracasse por resistir à velocidade. Mas em geral, o Balão escolhe viver fora da EV. Ao contrário, prefere buscar ou criar ambientes com poucas pressões externas que exijam dele ações mais rápidas. Ele interage com a atual cultura veloz apenas à distância.

Tal qual o Zepelim – como a Kodak resistiu à velocidade e enfrentou o inevitável fracasso –, o Balão se opõe à velocidade, mas encontra o sucesso. Assim como o seu homônimo – o balão de ar quente –, esse obstinado segue flutuando, satisfeito em chegar a algum destino genérico eventualmente. Ele consegue mudar o seu ambiente do mesmo modo como o balão de ar quente consegue mudar de altitude, conseguindo, assim, evitar situações que lhe exijam se mover a velocidades superiores àquelas nas quais se sente confortável. Não lhe faltam intenções e metas; o fato é que simplesmente o seu objetivo principal, como apreciar a vista de cima, tem pouco a ver com a velocidade.

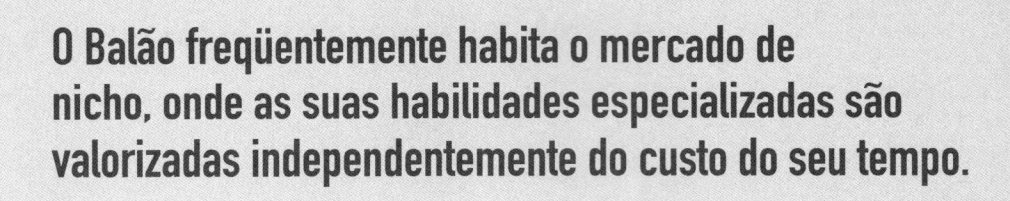

O Balão freqüentemente habita o mercado de nicho, onde as suas habilidades especializadas são valorizadas independentemente do custo do seu tempo.

> ## NOTA RÁPIDA
>
> Possivelmente a primeira versão do balão de ar quente foi construída baseada no formato do ovo no século II a.C. na China. Na obra *The Ten Thousand Infallible Arts of the Prince of Huai-Nan*, o autor afirma: "É possível fazer o ovo flutuar no ar com a ajuda de material facilmente inflamável." Os chineses removiam o conteúdo do ovo e, depois, acendiam uma erva dentro do orifício da casca para reduzir a densidade do ar interno e fazer a casca flutuar.[1]

É difícil adquirir esse aparentemente simples desprendimento do espírito da época. Na maioria das indústrias hoje, o Balão não pode existir. Ele freqüentemente habita o mercado de nicho, onde as suas habilidades especializadas são valorizadas independentemente do custo do seu tempo. Ele se envolve e se realiza com o trabalho, e trabalha bem. Ele tem êxito principalmente porque não resiste à velocidade de forma ativa colocando-se no meio do seu caminho e tentando montar uma barricada. Sua resistência é efetivamente mais uma forma de esquiva.

O Balão não está antenado com os mais recentes avanços tecnológicos; é improvável encontrar algum usando bem o *BlackBerry*. As necessidades dele estão mais centradas na facilidade e no conforto, do que na produtividade, assim fez uso da velocidade apenas para simplificar um pouco a vida, e o seu trabalho.

No seu desprendimento geral da velocidade, o Balão abre mão de parte do seu potencial, das suas oportunidades. Mas ele fez esse sacrifício de forma consciente. **Lembra-se das crianças no parque de diversão?** O Balão é como a segunda criança no sentido de que ele, também, tem quarenta reais, mas escolheria brincar em apenas um brinquedo e comer apenas um doce. Visando proteger a vida e os negócios dos efeitos da velocidade, ele restringe o número de opções que busca – opta por fazer menos apesar do potencial de fazer mais. Evita expandir os negócios ao atingir um nível sustentável. Muitas vezes não busca promoções ou outras formas de avanço – está satisfeito, contente. Na maior parte do tempo, ele mantém o seu *status quo*. Tudo acelera com o passar do tempo, mas o Balão está confortavelmente abrigado no seu universo protegido e não se preocupa muito com o tempo. Ele avaliou as opções e escolheu um caminho com limites em vez de um caminho com velocidade.

Como ele quase sempre está consciente da escolha e procurou um ambiente para sustentar essa escolha, esta geralmente funciona bem para ele. Veja, por exemplo, a outrora frenética Zinn Cycles, fabricante de bicicletas personalizadas para ciclistas exigentes.

Em meados da década de 1990, a Zinn Cycles começou a expandir rapidamente. A companhia contratava cada vez mais funcionários, trabalhava com representantes de vendas, e vendia modelos padronizados às lojas de bicicleta. Para o sucesso no universo varejista do mercado de massa, a velocidade era vital, e a Zinn Cycles estava indo bem. Mas o seu fundador Lennard Zinn não estava feliz. O estresse de produzir cada vez mais e de expandir cada vez mais rápido mostrou-se um caminho errado para esse Balão. "Descobri que eu quase não estava mais pedalando a minha bicicleta, e toda a razão por que faço isso é porque eu amo pedalar. Para mim, era um preço alto demais a pagar. Não estava disposto a esse sacrifício pela empresa"[2], afirmou o fundador.

Assim ele mudou o ambiente da empresa para um que não demandasse velocidade: comprou a parte do sócio, ajudou os funcionários a abrir os seus próprios negócios e transformou a empresa em uma oficina com apenas ele trabalhando, produzindo exclusivamente bicicletas sob encomenda. Agora, a companhia possui menos clientes e um limite de potencial de ganho, mas Lennard Zinn voltou a pedalar a sua bicicleta até o trabalho todos os dias, e isso o **torna feliz!**

Balões são **raros**, e essa é a razão por que a maioria dos ambientes de hoje **efetivamente** exige velocidade. Quando se está em um ambiente que demande velocidade, não se tem êxito como Balão. Ao contrário, enfrenta-se o mesmo destino do Zepelim: a inevitável obsolescência ou a explosão. Portanto, aparentemente, quando se adota a velocidade, certamente se encontra o sucesso, certo? Infelizmente, não é tão simples assim.

CAPÍTULO DEZOITO

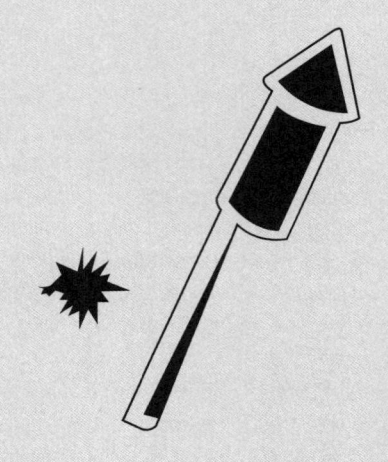

Rojões

A adoção da velocidade e a visão do tempo como recurso valioso para atingir as metas ajudam no sucesso em um universo "mais-rápido-já". Mas é necessário mais que isso para aproveitar o poder da velocidade, para fazê-la trabalhar **para nós** – assim como mostra o caso dos Rojões.

É fácil identificar os Rojões: a amiga que acelera no trânsito e corre de um compromisso a outro, mas assume tantas responsabilidades que jamais consegue chegar à frente. O permanentemente ativo colega que se movimenta o dia todo à velocidade máxima, lançando idéias aleatoriamente, verificando o correio eletrônico e, ao mesmo tempo, atendendo ao telefone – sempre correndo, mas jamais conseguindo realizar algo significativo.

Rojão é a empresa que decola e adota a velocidade a todo o momento, mas ou perde de vista as suas metas e não consegue atingir o seu antigo potencial de glória ou mantém-se insistentemente concentrada no caminho errado. Todos rojões atuam tão rápido quanto podem, impulsionados a vida inteira por um ritmo arriscado, deixando as observações e as suas idéias circulando no mesmo ritmo. Apesar de toda a energia e o entusiasmo investidos em tudo o que fazem, raramente atingem o sucesso sustentável de longo prazo.

Os Rojões perseguem a velocidade a todo custo, mas a sua incapacidade de utilizar a velocidade em benefício próprio torna-os perigosamente explosivos. Eles até podem avançar rápido, mas não o fazem de forma inteligente. Os seus esforços nem sempre estão alinhados a um destino claro, assim eles sofrem demais para manter-se em um curso saudável. Eles não conseguem concentrar-se em reagir às mudanças no seu ambiente. Algumas vezes, os seus caminhos tornam-se desenfreadamente imprevisíveis, a sua velocidade fica fora de controle e eles acabam caindo e mergulhando direto no solo.

> ### NOTA RÁPIDA
> Os chineses inventaram os fogos de artifício no século XIII como arma – e eles ainda são extremamente perigosos. Os modernos fogos de artifício classe C podem decolar a 120 km/h.[1]

Os Rojões são devotos da velocidade – adotam-na em tudo e a exigem demais. Eles adotam qualquer nova tecnologia que lhes permita acelerar as atividades, mas não reservam tempo para aprender a usar os recursos da nova tecnologia que a torna tão vantajosa. Partem do princípio de que a velocidade estará sempre disponível, assim realizam a maioria das atividades por impulso ou na última hora, ficando decepcionados quando os resultados não são exatamente como imaginavam.

Com a falta de agilidade, a companhia com o perfil de Rojões tem dificuldades para se ajustar aos novos padrões ou às novas práticas, às novas idéias e aos novos desenvolvimentos do seu setor. Muitas vezes, desperdiça a velocidade em mercados específicos errados ou a perde em procedimentos inúteis e imponderados. Fica tão concentrada na rapidez da atuação, que não aproveita o tempo para entender por que está atuando tão rápido, onde está tentando chegar, ou o que a pode estar emperrando. Quando a companhia segue os rumos dos Rojões, começa, avança e pára, e sofre com as ondas imprevisíveis de viabilidade. Na pior hipótese, ela simplesmente se autodestrói.

> **NOTA RÁPIDA**
>
> Não tão agradáveis aos olhos, os tais fogos de artifício. Os verdadeiros fogos de artifício causam 100% das lesões que resultam na remoção cirúrgica dos olhos.[2]

O que há de tão devastador na forma como os Rojões buscam a velocidade? Da mesma forma que o seu parente o foguete convencional, os Rojões são explosivos e incontroláveis. Voam rápido, mas não mudam de direção, nem param – até atingir o alvo onde finalmente explodem ou sibilam e caem mergulhando no solo. A trajetória deles não necessariamente leva ao seu verdadeiro objetivo – e nem produz resultados rápidos. Os nossos metafóricos Rojões não possuem uma ou todas as características críticas – **aerodinâmica**, **agilidade** e **alinhamento** – que lhes proporcionariam a capacidade de aproveitar o poder da velocidade que perseguem. Se a sua companhia estiver a caminho de se transformar em Rojão, talvez se pareça com a Dell Inc.

A Dell não começou como Rojão. Ela iniciou com uma proposta inovadora: vender computadores diretamente ao cliente, sem nenhum tipo de loja ou intermediário físico. Centrada na eficácia e em uma cadeia enxuta de fornecimento, dedicou mínimos recursos a pesquisa e desenvolvimento, simplesmente celebrando acordos de exclusividade com a fabricante de microprocessadores Intel e produtores estrangeiros. O "estilo Dell" fez fama pela rapidez, e o modelo começou a ser copiado e respeitado por organizações do mundo todo. Mas a empresa desestimulou mais inovações no estilo Dell. Em 2003, Kevin Rollins, escolhido a dedo para suceder o fundador Michael Dell, declarou categoricamente que, ao contrário da maioria das companhias de tecnologia, a Dell **não era** uma organização "onde as pessoas se consideravam heróis se inventassem algo novo".[3] Era o estilo Dell ou rua!

Durante anos, a Dell foi líder imbatível de mercado, mas o sucesso começou a ruir em 2006. Os tempos haviam mudado, mas a Dell não. A convicção da companhia de que cada vez mais consumidores adotariam o modelo de compra virtual e por catálogo, assim como o da Dell, à medida que se familiarizassem com a tecnologia, **mostrou-se falsa**. Em 2006, as vendas de computadores por meio eletrônico e por telefone diminuíram e as vendas em lojas físicas de varejo aumentaram.[4] A Dell ignorou os sinais de que os computadores estariam se transformando em brinquedos, sistemas de entretenimento e objetos de arte que os clientes desejavam examinar pessoalmente antes de comprar.[5] E, naturalmente, apesar do apelo básico com o qual a empresa foi criada, ou seja, a venda por encomenda, a opção de eficiência e venda direta ao consumidor não era mais exclusividade da Dell.

Enquanto isso, o consumidor médio não se sentia mais atraído pelos computadores pessoais popularizados e especializados da Dell, que abominava a pesquisa. Quando os consumidores se acostumaram com os computadores, passaram a se dispor a pagar um pouco mais por uma versão com toques inovadores e *design* elegante – algo que pudessem testar na loja antes de comprar – em vez de simplesmente encomendar a mesma caixa cinza que usavam no trabalho. A Dell manteve alguma margem de lucro apenas no setor da indústria de lento crescimento focado no preço. E, embora tenha sido um ótimo exemplo de sucesso impulsionado pela velocidade, o estilo Dell começou a atuar contra a companhia. A Dell não conseguia ajustar o curso para atingir o sucesso no ambiente de constantes mudanças. Ela vinha avançando tão rápido há tanto tempo, que perdeu o controle da direção.

Com o seu modelo valorizado de negócios sendo atingido, a companhia teve dificuldades para manter a participação de mercado. A receita continuou a aumentar, mas a Dell sofreu uma queda de 51% nos lucros no segundo trimestre do ano fiscal de 2006.[6] Em resposta à emergência, a Dell começou a concentrar-se na lucratividade acima de qualquer outra coisa, e a arquirival Hewlett Packard superou a Dell na participação de mercado em 2006. Enquanto isso, o enfoque exclusivo na lucratividade provocou outros problemas para a companhia: apesar do crescimento do mercado de computadores portáteis em 19% no terceiro trimestre de 2006, as vendas desse tipo de equipamento da Dell cresceram apenas 6%.[7] A companhia estava apresentando certo lucro, mas também era sem dúvida a de pior desempenho no setor – deixando os investidores em pé de guerra.

Claramente, 2006 também foi o ano em que a Dell enfrentou inúmeros outros obstáculos, nem todos relacionados com a velocidade. A companhia sofreu com a ameaça de suspensão das negociações de suas ações na NASDAQ, o *recall* (chamada para reparos) de quatro milhões de computadores portáteis com problemas de bateria (Sony), e o começo de uma investigação das práticas de contabilidade pela Comissão de Valores Mobiliários. Michael Dell foi considerado um dos piores líderes de 2006 pela revista *Business Week*, sendo apontado como o de **"pior tempo de reação"** por causa da sua insistente dedicação ao estilo Dell. E 2007 não parecia nem um pouco melhor para a Dell do que 2006. No primeiro trimestre de 2007, as vendas da Hewlett-Packard nos EUA cresceram mais outros 26% em relação a 2006, enquanto, apesar do mercado saudável de computadores pessoais, as vendas da Dell caíram outros 14%.

Além da falta de agilidade demonstrada pela incapacidade ou indisposição da companhia de se adaptar às mudanças do mercado e da indústria, os problemas da Dell revelaram a sua falta de aerodinâmica. Ficou evidente a cultura burocrática da Dell, resquício do seu crescimento rápido e irrefletido. Embora o impulso inicial da Dell para a fama tenha sido a sua maneira enxuta e racional de trabalhar, a companhia agora estava sendo contida pela burocracia. No início de 2007, Michael Dell reivindicou o posto principal da companhia por ele fundada e, logo depois de assumir, enviou uma mensagem eletrônica aos funcionários falando da impressionante resistência que estava deixando a empresa lenta: "Nós . . . temos um novo inimigo: a **burocracia**, que nos custa dinheiro e nos deixa lentos. Nós a criamos, sujeitamos a ela o nosso pessoal e temos de acabar com ela!"[8]

No mesmo comunicado, ele ainda ressaltou outro problema – a falta de direção clara, foco e reconhecimento dos melhores interesses da companhia. "Olhe para as suas organizações e... pense no que é melhor para a Dell, seja claro e mostre o foco de liderança de que precisamos."[9] Ele disse que no futuro a companhia deve ter "prioridades claras e estratégia centrada". Dell reconheceu que a companhia não estava alinhada à meta valorizada pelos investidores, funcionários e clientes, e que seria destrutivo tentar avançar rápido sem um claro destino.

Para escapar da queda brusca, o fundador prometeu "considerar adaptar o sagrado modelo de vendas diretas"[10] e transformar a companhia em uma com "ousadia nas idéias e rapidez nas ações".[11] Ele prevê o surgimento de uma "Dell 2.0" das cinzas do estilo Dell. É esperar para ver se a empresa conseguirá ou não alcançar a EV.

Embora a Dell adotasse e buscasse ativamente a velocidade, a capacidade da companhia de aproveitar o poder da velocidade mostrou-se um fiasco. Se ela quiser sobreviver na EV, terá de ficar ágil, aerodinâmica e alinhada, os três traços que possibilitam às pessoas e organizações caminharem mais rápido e usar a velocidade a seu favor – para se tornar Jatos.

CAPÍTULO DEZENOVE

JATOS

Assim como os Rojões, o Jato adora a velocidade e a persegue ativamente; ao contrário dos Rojões, o Jato apresenta registros extraordinários de chegada segura e intacta ao destino. Ele consegue se desviar dos obstáculos sem se distanciar das suas metas. Segue alinhado na direção de um destino claro, uma finalidade que o impulsione adiante, para mantê-lo no curso.

O Jato aproveita o poder da velocidade, voltando-a em seu favor. Ele é ágil – aberto a mudanças e inovações e está em constante busca de novas oportunidades. É aerodinâmico – sem a resistência que atrasa a vida dos outros, o seu trabalho e as organizações. E está alinhado – em busca de uma meta clara que seja verdadeira para as suas qualidades, as suas paixões e o seu ambiente, com toda a energia concentrada nesse propósito. Da mesma forma que o Balão, o Jato encontrou a sua vocação, mas como ele adere à velocidade em vez de rejeitá-la, prospera no seu ambiente e não precisa estabelecer limites para o seu crescimento. Ele se movimenta rápido, mas não apenas para acompanhar o ritmo. O Jato enxerga a velocidade como aliada, uma força que o impulsiona ainda mais rápido na direção dos seus desejos, uma força benéfica que expande a vida, o crescimento, a energia e a importância do que faz. Ele deixa a velocidade do seu ambiente trabalhar a seu favor.

Considere o Google – organização que sabe como explorar o poder da velocidade. Em primeiro lugar, o Google é inegavelmente **ágil**. Mesmo dedicando quantidade extraordinária de energia e recursos em alguma iniciativa, a companhia não hesita em mudar de direção quando os seus melhores esforços não funcionam. Por exemplo, apesar de toda a intenção do Google de dominar o mercado com a sua própria velocidade e inovação ao lançar o Google Video, a companhia mudou a estratégia logo que viu a oportunidade no de repente famoso e renegado YouTube. O YouTube foi mais rápido – superou o Google Video em grande parte porque permitia aos usuários ver imediatamente os seus vídeos ao vivo, sem a demora de dois a quatro dias imposta pelo Google Video.[1] O atrativo da velocidade empurrou o YouTube para o topo da briga por audiência e adeptos. Mas, mesmo assim, o Goggle venceu: sem perder o ritmo, comprou o YouTube. O Google foi ágil, aberto às mudanças, e estava em constante busca da solução mais rápida para os clientes. Com essa agilidade, usou a velocidade para dominar o mercado de vídeo ao vivo.

> **NOTA RÁPIDA**
>
> Nas pesquisas sobre ferramentas de busca eletrônica, as pessoas alegam que quanto mais resultados de busca, melhor, mas quando o Google testou um sistema que mostrava, por padrão, trinta resultados em vez dos dez normais, os resultados por página levavam mais meio segundo em média para aparecem na tela. E, acredite ou não, meio segundo é simplesmente tempo demais de espera. Os usuários ficavam frustrados e não faziam tantas pesquisas.[2] Assim o Google decidiu oferecer às pessoas aquilo que elas realmente queriam: menos – mas mais rapidamente – resultados imediatos.

O Google também se mostrou **aerodinâmico**. Apesar da reputação de excelente lugar para trabalhar, o confuso processo de entrevista e seleção da companhia ficava, em determinado momento, tão cansativo e frio que os candidatos entrevistados desistiam completamente de trabalhar no Google e aceitavam outros empregos. Mas com uma compreensão precisa da importância de se reduzir a resistência, o Google reconheceu que o seu processo de contratação era problemático e começou a racionalizar. A companhia identificou os aspectos causadores da lentidão e tomou providências.[3] A quantidade média de entrevistas caiu 17% (mais reduções devem ocorrer), e a companhia começou a estudar a implementação de um programa de contratação para algumas posições com apenas duas entrevistas. Acima de tudo, a agilização do processo incluiu novos indicativos mais precisos do sucesso, visando reduzir a resistência ainda mais que o usual. Parte da nova política de contratação do Google consiste em selecionar pessoas altamente qualificadas, consideradas com bom potencial para várias promoções.[4]

A capacidade do Google de tirar proveito da velocidade não pára por aí. Por um tempo, a expansão da companhia em iniciativas amplamente variadas vinha deixando muitos investidores e analistas se questionando como tudo se encaixava.[5] Mas no final de 2006, ficou evidente que o Google estava **alinhado** na direção de uma meta coesa e clara. Assim como publicou a *Business Week*, ele está direcionado "a se tornar o vértice de toda a publicidade moderna".[6] Apesar da tentativa de concorrência do Yahoo! e da Microsoft, o alinhamento sólido do Google o conduziu rapidamente ao topo da posição. O co-fundador e presidente de tecnologia do Google, Sergey Brin, afirma que a meta da companhia é oferecer uma "plataforma completa de vendas e *marketing* a todos os anunciantes".[7] O pesquisador John Aiken resume assim os extraordinários resultados do Google até hoje: "Quando alguma companhia começa a anunciar, tende a ir a um lugar, e esse lugar é o Google".[8]

Sendo ágil, aerodinâmico e alinhado, o Google conseguiu fazer a EV trabalhar a seu favor. A velocidade o impulsiona cada vez mais à frente de todos; o Google não apenas adotou a velocidade, mas também aproveitou o seu poder.

Portanto, se não quisermos resistir à velocidade, limitando o nosso potencial como faz o Balão, ou correndo o risco da obsolescência como o Zepelim, e não quisermos explodir como o Rojão – se quisermos ser o Jato –, precisamos aprender a explorar o poder da velocidade. Devemos aprender a agir rápido de modo que a rapidez trabalhe a nosso favor, e não contra.

Os próximos quatro capítulos exploram precisamente como fazer isso: **como** acelerar e, acima de tudo, como acelerar de modo a possibilitar o aproveitamento máximo dos benefícios, a usar a velocidade a seu favor. As próximas páginas apresentam uma estratégia para prosperar no nosso universo mais-rápido-já.

> ## NOTA RÁPIDA
>
> O Google entende que os seus usuários não querem produtos contendo camadas e camadas de dados das respostas que estão procurando – querem apenas respostas, e rápidas. A companhia reduziu o tamanho do arquivo da página principal do Google Maps em 20% ou 30% para reduzir o tempo de carga.[9] Os recursos da sua ferramenta de busca foram programados para dar respostas rápidas às perguntas mais prováveis. Pesquise uma equação, e a Calculadora Google dá a resposta; pesquise um endereço, o Google Maps mostra onde você está.

PARTE CINCO

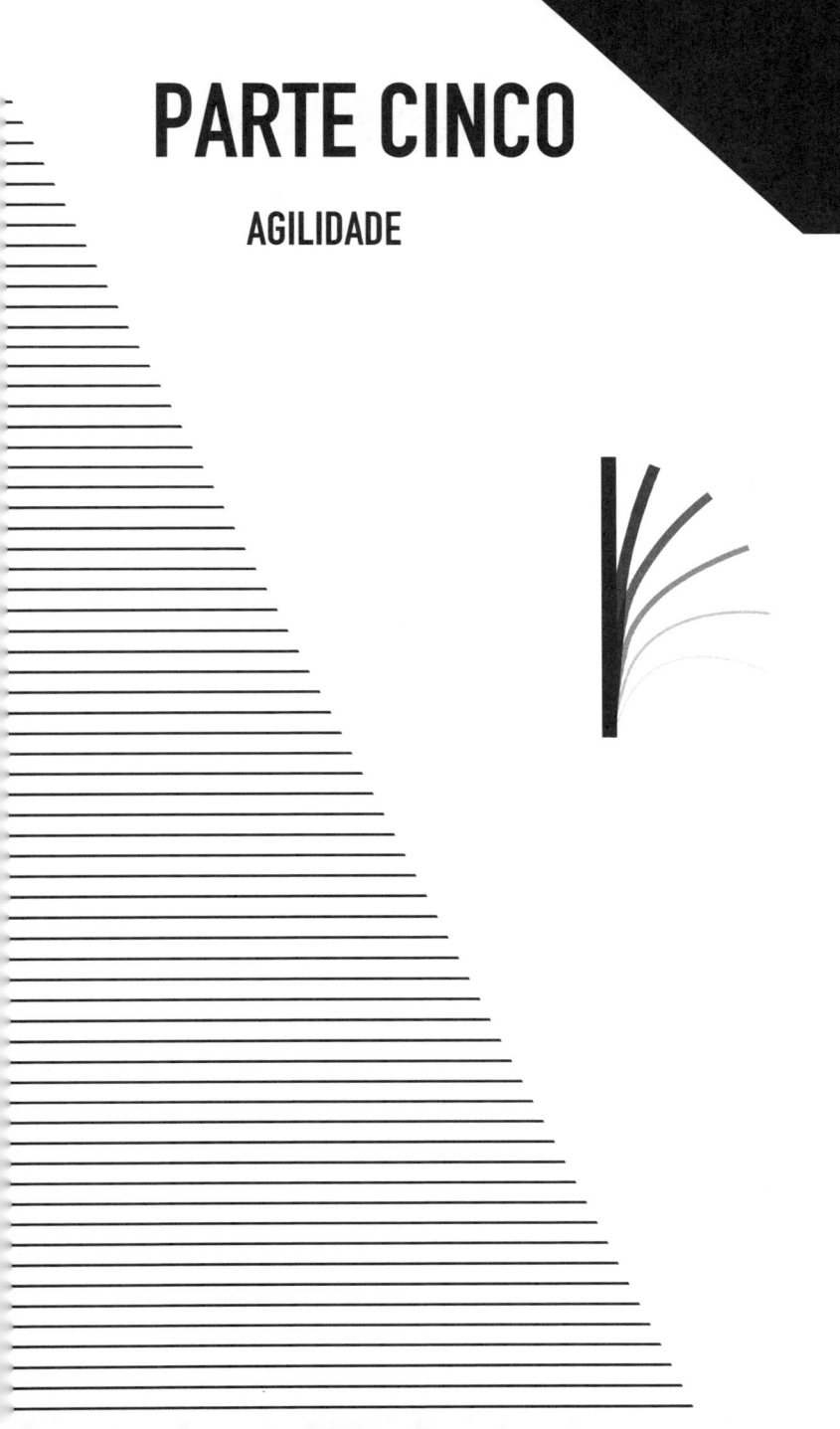

AGILIDADE

CAPÍTULO VINTE

Morcegos

O cientista de Ohio John Zook fez uma descoberta extraordinária sobre o morcego. Estudando a estrutura das suas asas, Zook descobriu minúsculas células semelhantes às células de Merkel, um tipo de célula sensorial comum na pele dos mamíferos. Mas ao contrário das células de Merkel normais, a célula do morcego tinha um minúsculo pêlo saliente. Para testar se os pêlos afetavam ou não a capacidade do morcego de voar e sentir as mudanças no seu ambiente, Zook usou o conhecido creme depilatório Nair para removê-los. Como previsto, quando os morcegos tiveram de se ajustar em tempo real para evitar os obstáculos ou retornar, tiveram dificuldades. Zook afirmou: "Algumas vezes eles batiam no teto."[1]

Freqüentemente, a velocidade e a agilidade exibidas pelo morcego na caça às presas são atribuídas à capacidade de **ecolocalização**, semelhante ao do sonar, e às asas membranosas e elásticas, mas Zook provou que ele também sente as delicadas mudanças no fluxo de ar, que ajudam a se adaptar às mudanças na clara direção e elevação dos obstáculos, e a evitar parar no meio do ar.[2] Por trás da velocidade e agilidade do morcego existe uma mescla de três traços principais: a estranha capacidade de perceber a oportunidade com o seu sonar embutido (no caso do morcego, oportunidade significa presa, e ele consegue agarrar a comida antes mesmo de os insetos notarem a sua presença), as flexíveis asas que continuamente mudam de formato conforme o seu movimento (que o ajudam a ir e vir rapidamente em espaços reduzidos para obter comida rápido), e a sua capacidade de se ajustar e responder até mesmo às mais sutis alterações no fluxo de ar (graças a esses minúsculos pêlos das asas – e a ausência do depilatório Nair no *habitat* natural dos morcegos).

> **NOTA RÁPIDA**
>
> Quase um quarto de todas as espécies mamíferas são morcegos, o que é legal, . . . mas também um pouco perturbador.[3] E, falando em perturbador, você sabia que, ao contrário de outras variedades de morcegos, o morcego vampiro consegue correr? Ele usa as asas como membros anteriores e corre como qualquer animal quadrúpede – mas as asas são mais longas e mais potentes do que as suas pequenas pernas, assim ele se move menos como um cão ou cavalo e mais como um minúsculo e arrepiante gorila.[4]

Na EV, conseguimos aprender algumas coisas com o morcego: para ser rápido, precisamos ser ágeis – e, para ser ágeis, precisamos cultivar as mesmas qualidades que os nossos amigos peludos voadores usam para acelerar. Precisamos desenvolver um sonar semelhante ao do morcego para detectar todas as oportunidades à nossa volta. Precisamos ser flexíveis (assim como as asas do morcego) – humildes o suficiente para identificar os pontos fracos, e fortes o suficiente para realizar mudanças. Assim como o morcego, precisamos ser sensíveis às mudanças à nossa volta, para conseguirmos reagir e nos adaptar a elas. Do contrário, talvez não voemos até bater no teto, mas são boas as probabilidades ou de dar de cara no chão ou de jamais conseguir voar de primeira. (Falando nisso, os morcegos conseguiram se recuperar da experiência de Zook. Quando os pêlos voltaram a crescer, a sua impressionante virtuosidade aérea foi totalmente restabelecida.[5])

CAPÍTULO VINTE E UM

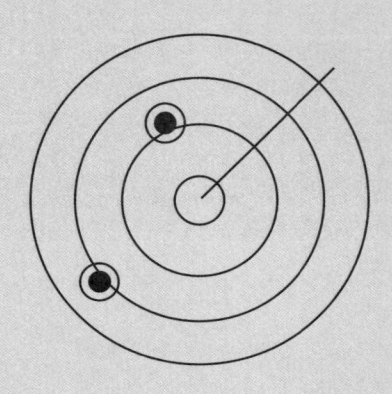

PERCEBENDO A OPORTUNIDADE

Ameaças e oportunidades para as empresas surgem com mais rapidez hoje do que no passado. A globalização e a tecnologia multiplicaram as categorias de potenciais concorrentes e clientes – e aumentaram os riscos do sucesso e do fracasso. Isso significa mais dificuldades na concorrência e no acompanhamento do ritmo das mudanças, mas também o surgimento de novas oportunidades praticamente a todo instante. Para acelerar quando sentimos praticamente não conseguir avançar nem um pouco mais rápido, temos de abrir a nossa mente e as nossas organizações para o mundo ao nosso redor. Temos de ser mais sensíveis às novas oportunidades.

Tome como exemplo a Procter & Gamble. Fica difícil imaginar um gigante como a P&G sendo rápido e ágil – a companhia possui mais 135 mil funcionários em oitenta países, sustentando mais de cem marcas. Mas A. G. Lafley, CEO desde 2000, dedica-se a tornar a organização mais sensível às oportunidades externas à sua famosa cultura provinciana – e está tendo êxito.[1] A P&G está longe de ser um Jato, mas a companhia está procurando formas de reagir cada vez mais rápido à visão em constante mudança do consumidor a respeito dos seus produtos populares, procurando novas idéias, novas oportunidades. A P&G está tentando desenvolver um sonar semelhante ao do morcego.

Logo depois de assumir o posto de líder da P&G, no seu primeiro ato, Lafley abriu as portas às idéias de novos produtos. O seu antecessor havia tentado abarrotar a empresa com o máximo de produtos possível por meio de pesquisa e desenvolvimento, mas o nível de êxito havia caído para cerca de 20%. Assim Lafley reduziu a importância da função tradicional dentro da organização do departamento de pesquisa e desenvolvimento e definiu como meta a aquisição externa de 50% das idéias de novos produtos.[2] A questão toda consistia em ajudar a melhorar a relação da P&G com as necessidades e os desejos dos consumidores e aumentar substancialmente a velocidade de lançamento dos novos produtos da companhia no mercado.

Lafley reconheceu a verdade essencial: **se quiser ser mais veloz, é preciso estar aberto a novas idéias e oportunidades.** Antes de as pessoas e as companhias se curvarem ou mudarem, elas precisam aceitar a noção de que sempre existe espaço para melhorias e estar alertas para as oportunidades de agilização.

Assim como acontece com muitas pessoas e organizações, a oportunidade para a P&G surgiu de fontes externas. Em um mercado no Japão, por exemplo, um funcionário da P&G descobriu uma esponja tira-manchas realmente eficaz. Ele fez comentários sobre o produto no catálogo "Eureka" da P&G, página eletrônica interna destinada a aumentar a colaboração. Mais ou menos dois anos depois, o *Mr. Clean Magic Eraser* chegou ao mercado norte-americano, onde, desde então, vem tendo um bom desempenho.[3] A P&G levou metade do tempo usual para fazer o produto chegar ao mercado porque conseguiu uma parceria com a BASF, indústria química alemã proprietária da tecnologia, para desenvolver o produto voltado aos consumidores norte-americanos.

Depois, vieram os sacos de lixo. A P&G havia desenvolvido um plástico elástico de uso restrito a alguns dos seus produtos, e surgiu o *Glad*. "A P&G tinha algumas idéias interessantes, mas não sabia o que fazer com elas", afirma Audy Baack, gerente de *marketing* da marca *Glad*. "*Glad* tinha o *marketing* e a categoria especializada que podiam ser transformados em produtos".[4] Assim

Se quiser ser mais veloz, é preciso estar aberto a novas idéias e oportunidades.

também surgiu o saco de lixo *ForceFlex*, que em agosto de 2006 ocupava o quarto lugar no mercado com US$ 108,4 milhões em vendas anuais. Em 2003, antes do desenvolvimento do *ForceFlex*, a P&G possuía participação de 10% no *Glad*. Seis meses depois, após a chegada ao mercado do *ForceFlex*, aclamado por grande parte dos consumidores, a P&G aumentou a sua participação para 20%.[5]

Lafley construiu uma organização que observa constantemente as novas oportunidades, e os benefícios são evidentes. Desde 2000, a P&G lançou o dobro de produtos novos com elementos desenvolvidos por fontes externas, e o preço das ações da empresa e a lista de marcas avaliadas em bilhões de dólares igualmente mais que dobraram.[6]

Mas não é necessário ser uma potência como a Procter & Gamble para detectar as oportunidades. Qualquer pessoa ou organização com a ambição de ser rápida e ágil consegue fazer o mesmo. Você consegue, se usar o tempo para observar fora da sua bolha – sair das minúcias da sua vida e trabalhar para identificar oportunidades que possam conduzi-lo mais próximo do seu destino sem exigir mais do seu tempo. Você gasta muito tempo fazendo compras no mercado? Ligue o sonar e detecte as oportunidades não observadas, mas disponíveis. Talvez você possa comprar mais produtos de consumo de varejistas virtuais, como o Amazon.com, que vendem de tudo, desde toalha de papel e cereais a xampu e aparadores de pêlo do nariz (credo!, pelo menos, foi o que um amigo meu me disse). E, ei!, se puder, passe a sua lista para algum assistente fazer as encomendas da mesa dele e economize mais tempo. Vá pessoalmente à loja apenas para comprar itens de necessidade imediata e alimento fresco. Você gastará menos tempo na loja – e, com menos itens, talvez possa passar pelo caixa expresso de auto-atendimento.

> **NOTA RÁPIDA**
>
> Na cidade de Nova York, o *Fresh Direct*, supermercado exclusivamente virtual, entrega 30 mil pedidos por semana. Existe até uma função "receita em um clique" no *site*, que permite ao cliente escolher dentre mais de 400 receitas do banco de dados, e todos os ingredientes necessários são automaticamente colocados no carrinho de compras virtual.[7]

As oportunidades surgem em formatos e dimensões diferentes para pessoas e organizações diferentes, mas uma coisa vale para todos nós: se procurarmos mais oportunidades, encontraremos mais oportunidades. Se abrirmos a mente e aplicarmos um raciocínio criativo e dedicado de como usar todas as oportunidades disponíveis, conseguiremos agilizar.

CAPÍTULO VINTE E DOIS

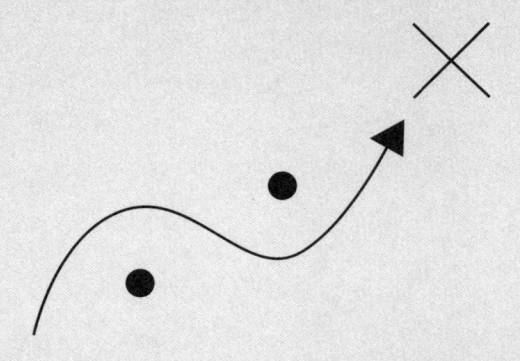

SENDO FLEXÍVEL

Para dominar a disciplina da agilidade, é necessário flexibilidade também no raciocínio e nas ações – e isso é um exercício de humildade e coragem. Ser flexível é testar a disposição a reconhecer os defeitos e arriscar. Afinal, se somos perfeitos, não precisamos ser abertos às mudanças, certo? E por que teríamos de correr riscos? A agilidade pode ser assustadora: experimentar novidades pode provocar novos fracassos. Lembre-se, no entanto, da lição aprendida com a Dell e pense em como a inflexibilidade pode reduzir, interromper e até retroceder o avanço. Se resistirmos às mudanças, deixamos de lado a chance de acelerar e atingir mais rápido as metas. Mas, se nos dispusermos a reconhecer as oportunidades de melhorias e o risco de fracasso (possibilidade em praticamente qualquer mudança), conseguiremos avançar rapidamente superando a teimosia, a mediocridade e a lentidão.

> **NOTA RÁPIDA**
>
> De acordo com uma recente pesquisa, apenas 65,5% dos diretores-executivos, presidentes, diretores-operacionais são abertos a críticas e avaliações, comparados a 83% dos trabalhadores administrativos e operacionais e 78% dos gerentes do médio escalão.[1] O aspecto mais assustador dessa análise, naturalmente, é a necessidade de maior agilidade, quanto maior a importância do executivo.

Muitas pessoas que conseguem criar valores duradouros em pouco tempo compartilham um atributo em comum: a **humildade**. Essas pessoas decidem e determinam com clareza, mas também permanecem abertas à idéia de que o seu modo de atuação talvez não seja necessariamente a melhor alternativa – que talvez exista uma forma melhor bem diante dos olhos. É uma parte vital de ser ágil e uma maneira simples de atuar mais rápido na EV. Pense nos momentos da vida e do trabalho em que encontrou grande resistência. Você aceitou bem as críticas e opiniões que talvez o tivessem ajudado, ou insistiu teimosamente naquilo que havia estabelecido? No fim, o que efetivamente fez diferença no seu sucesso ou fracasso? Se estiver tentando acelerar, primeiro precisa estar aberto.

Mas humildade não é a única solução. Para ser realmente flexível ou criar uma cultura verdadeiramente flexível, precisamos de disposição para arriscar – e precisamos de coragem para fracassar. De tempos em tempos, surgem histórias de empresas que sabotam o próprio sucesso, atuando com segurança. Algumas companhias gastam tanto tempo testando os novos produtos que perdem a chance de dominar o mercado; outras permanecem confortáveis na zona de segurança enquanto os concorrentes vão conquistando novos terrenos. Ainda outras não avançam de jeito nenhum.

Para fazer tudo mais rápido, é necessário **fazer** tudo mais rápido – é necessário agir, saltar obstáculos. Isso requer coragem para arriscar, porque com a mudança e o progresso vem a possibilidade do fracasso. Mesmo assim, não importa quão sólida possa parecer a situação do momento, as pessoas e as organizações que querem avançar mais rápido precisam explorar novas idéias e arriscar.

A melhor maneira de identificar os riscos a que se deve expor é vendo os riscos que evitamos ativamente, os riscos mais temidos. Existe a possibilidade de deixarmos de enxergar o grande cenário por trás desses riscos específicos, de estarmos cegos para as oportunidades que eles possam apresentar. Certamente, alguns riscos simplesmente evitamos por serem impróprios. (Evito saltar do avião sem pára-quedas, por exemplo. Posso chegar ao chão mais rápido, mas esses breves momentos economizados antes de encarar a morte certa parecem não valer a pena). Mas existem outros riscos que evitamos apenas porque eles nos empurram para fora da zona de segurança. São esses os riscos que precisamos examinar mais de perto: seria uma boa decisão, ou apenas a falta de coragem, que nos faz evitar essas trilhas? Considere se expor a alguns riscos existentes na sua vida que talvez possam ajudá-lo a atingir mais rápido as metas. O que o está impedindo de dar esse salto?

CAPÍTULO VINTE E TRÊS

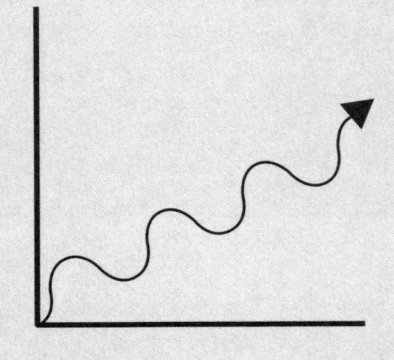

Reagindo às Mudanças

Na nossa cultura atual, é crucial ser aberto e flexível, mas, se quisermos acelerar, também precisamos de agilidade na reação – devemos nos ajustar rápida e corretamente às mudanças no emprego, na economia, na dinâmica familiar, nas relações com os clientes ou colegas, no mundo. Superficialmente, isso pode parecer elementar, mas a questão é mais profunda na EV. O ritmo das mudanças tem acelerado a tal ponto que até as pessoas e as organizações que **querem** reagir rápido estão ficando para trás. Reagir às mudanças nos tempos modernos significa permanecer extremamente atento até mesmo às mínimas alterações, analisando-as rapidamente, e tomando imediatamente as devidas providências.

Considere o caso da Pepsi, segundo maior fabricante de refrigerantes do mundo. A Pepsi enfrenta uma mudança sutil, mas profunda: os consumidores se conscientizam cada vez mais dos hábitos saudáveis. As vendas de refrigerantes adoçados com açúcar e de outras bebidas gaseificadas estão em baixa no mercado doméstico e suas vendas são fracas no mercado externo, e cerca de metade dos entrevistados de uma pesquisa recente afirmou costumar levar em conta o valor nutricional na escolha de um refrigerante.[1]

A arqui-rival Coca-Cola (com 80% das vendas representadas por refrigerantes, comparadas com 20% da PepsiCo[2]) tem prometido inovações relevantes, mas mostrado pouco. Na indústria de refrigerantes, o ciclo de desenvolvimento do produto leva anos, e o índice de fracasso é alto, portanto a velocidade é vital.[3] Felizmente, a Pepsi tem respondido ao apelo com agilidade, reagindo aberta e rapidamente às mudanças. Planejou dezesseis novos produtos para lançamento em 2007. Os novos produtos tipificam as opções mais saudáveis que o consumidor está buscando: chás, sucos, energéticos e águas adicionadas de vitaminas, tudo representado em múltiplos formatos e sabores.

O lançamento de cada produto novo das grandes indústrias de refrigerantes normalmente é feito com uma campanha de *marketing* demorada e cara. Mas a Pepsi encontrou uma opção de baixo custo para testar as novas idéias: a colocação na rede *Whole Foods Markets*. Os clientes dessa loja, que dita tendências, não gostam do forte apelo mercadológico típico da indústria: eles preferem descobrir marcas e produtos sem a influência nociva do *marketing* de massa.[4] Mas as vendas nas lojas da rede não apenas comprovam se a marca será bem aceita ou não no mercado de produtos saudáveis, como também influenciam outras lojas mais tradicionais a apostarem no produto. A estratégia da Pepsi propiciou uma sólida liderança pelo menos na porção do mercado consciente dos hábitos saudáveis, em que vem, há décadas, tentando alcançar a Coca-Cola. Alguns chegam a confirmar a virada de mesa: "Veremos se a Coca-Cola acompanha e se não será tarde demais caso a Pepsi tenha preenchido as lacunas do mercado", afirmou o professor assistente de *Marketing*, Kenneth Herbst, da Mason School of Business, da College of William and Mary.[5]

Do mesmo modo como a Pepsi foi sensível à sutil mudança no gosto do consumidor e reagiu agindo com rapidez, todos podemos acelerar, fazendo ajustes baseados nas mudanças do ambiente. Considere isso fundamental para a agilidade: requisito para atuar mais rápido em um mundo que continua caminhando mais rápido. Se formos ágeis e estivermos preparados, conseguiremos reagir e avançar direto lado a lado – talvez até à frente – dos nossos clientes, concorrentes e pares mais-rápidos-já.

PARTE SEIS

AERODINÂMICA

CAPÍTULO VINTE E QUATRO

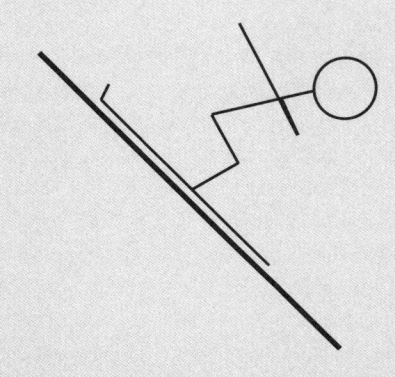

200

No esqui de velocidade, 200 é um número mágico. Nas competições, os comerciantes oferecem camisetas com os dizeres "A vida começa aos 200", e o esquiador principiante sonha com o número – tudo porque a 200 quilômetros por hora (124 milhas por hora), o esquiador percorre em alta velocidade, experimentando uma distorção da velocidade: experiência inesquecível, alucinante e praticamente indescritível. Qual o segredo para chegar e manter-se lá? **Aerodinâmica!**

Para esquiar o mais rápido possível no esqui de velocidade, é preciso eliminar ao máximo as fontes de resistência ou atrito. O esquiador veste um macacão de borracha tão apertado que, fora do corpo, parece algo feito para uma criança pequena. Ele enrola uma fita vedante em volta do tornozelo, no local onde a bota se junta à roupa, para evitar que o vento esbarre até em um minúsculo pedaço de material. Lixa as bordas da pequena arandela na base do bastão de esqui para deixá-las lisas e eliminar a resistência quando ele coloca os bastões debaixo dos braços, bem apertado junto ao corpo. Ele usa um capacete especial desenhado com uma aerodinâmica específica (pense no capacete do Darth Vader, mas mais apertado). O esquiador usa esquis largos e longos para distribuir o peso do corpo em uma área maior e reduzir o atrito entre o esqui e a neve, e encera os esquis todos os dias para reduzir ainda mais esse atrito. Depois, quando ele se lança da linha de partida, comprime o corpo bem apertado no formato de uma bala lisa, espremendo junto joelhos, cotovelos, braços e mãos. Tudo isso para atingir o número mágico.

Se ele chegar aos 200 e conseguir manter a forma aerodinâmica perfeita, entra em uma espécie de bolha, ou bolsão espacial. Ele sabe que a neve sob os pés e as árvores em torno dele estão paradas e que ele é o elemento em movimento rápido montanha abaixo em um ritmo de quebrar o pescoço, mas é como se tudo fora da bolha de velocidade estivesse em estado de caos absoluto. De repente, ele se vê lançado em um túnel silencioso e perfeito sem confusão, perturbação, desordem. Quando chega aos 200, descobre que a aerodinâmica proporciona não apenas mais velocidade, mas também uma descida suave e eufórica.

O conceito funciona da mesma forma na empresa e na vida cotidiana. Ser aerodinâmico significa estar livre de confusão, estar em perfeita forma metafórica, assegurando que a excessiva resistência não o desacelere e não crie o caos para a sua organização, o seu trabalho, a sua família, as suas relações com os seus colegas e o bem-estar próprio. Pode parecer óbvio que uma abordagem aerodinâmica sem desordem no trabalho e na vida seria uma maneira eficaz de estar à frente na EV, mas nem sempre é possível eliminar direto a resistência. Na realidade, com alguns tipos de desordem, efetivamente parece que as coisas acabam caminhando mais rápido, mesmo que eles façam provisoriamente diminuir o ritmo.

NOTA RÁPIDA

Resistência é a força mecânica que se opõe ao movimento do corpo por meio – de atrito essencialmente fluido – aéreo ou aquático.[1]

CAPÍTULO VINTE E CINCO

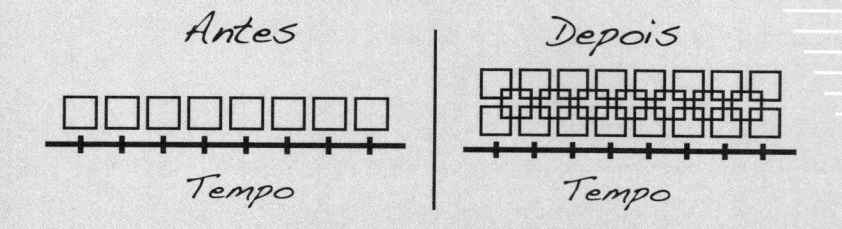

Antes | Depois
Tempo | Tempo

É A Resistência

Hoje, a causa mais comum de resistência das pessoas está na realização obsessiva de várias tarefas – ironicamente, no esforço feito para acelerar, para aproveitar mais cada momento. Almejamos o acesso imediato às informações e às pessoas, não importa o que estejamos fazendo. Adoramos responder rapidamente e que nos respondam rapidamente. Adotamos a multitarefa para evitar o tédio ou por parecer a única maneira de terminar tudo. Ouvimos os recados no viva voz para, ao mesmo tempo, organizar o correio eletrônico e, devagar, ler e ouvir as outras mensagens. Carregamos o *BlackBerry* para verificar o correio eletrônico a qualquer momento e em qualquer situação (independentemente de qualquer outra atividade em que estejamos envolvidos). Não gostamos nem mesmo de comer sem fazer outra coisa ao mesmo tempo: 91% dos norte-americanos assistem à televisão enquanto comem, 26% admitem "com freqüência comer enquanto dirigem", e 35% almoçam na mesa do escritório enquanto lêem, trabalham no computador, ou fazem e atendem ligações.[1] Ficamos imediatistas compulsivos, atendendo chamadas, respondendo *e-mails* e procurando os dados e as pessoas no momento em que estão disponíveis.

O problema é que a multitarefa não necessariamente nos torna mais rápidos; algumas vezes, deixa-nos mais lentos. Ela acrescenta desordem e caos à vida em uma era que demanda como nunca a velocidade. Estudos de imagens do cérebro relevam que, quando se faz duas tarefas ao mesmo tempo, temos **apenas metade do poder mental normal dedicado a cada uma**.[2] Portanto, quando executamos várias tarefas simultaneamente – quando dirigimos e conversamos ao telefone ou quando escutamos um colega enquanto verificamos as mensagens eletrônicas –, estamos concentrados apenas pela metade em cada atividade. É impossível dedicar o benefício total da nossa atenção ou receber o benefício total de outra pessoa se dividirmos o foco, assim o nosso envolvimento fica diluído e, portanto, o tempo gasto para completar ambas as tarefas **aumenta**. Quantas vezes você já teve de pedir a alguém para repetir o que ele disse por estar lendo uma mensagem eletrônica enquanto ele falava? Será que a multitarefa reduziu ou aumentou o tempo gasto na conversa?

Executar várias tarefas ao mesmo tempo não é o único problema. Uma tendência diferente, porém, relacionada, é a aceitação das constantes interrupções. Em um estudo envolvendo 36 trabalhadores administrativos, constatou-se que, na média, eles dedicam apenas 11 minutos de um dia típico de trabalho concentrados em alguma tarefa específica antes de serem interrompidos – e, uma vez interrompidos, levam quase meia hora para retomar a tarefa, quando conseguem.[3] Outro estudo realizado com mais de 11 mil trabalhadores administrativos revelou que as interrupções provocam a perda de mais de duas horas de produtividade por dia – 25% do dia de trabalho perdido.[4] Esse tempo perdido não custa pouco. Usando como base a remuneração por hora estimada de US$ 25 para trabalhadores do conhecimento, os pesquisadores concluíram que as interrupções no ambiente de trabalho custam à economia norte-americana aproximadamente US$ 600 bilhões por ano.[5]

> **NOTA RÁPIDA**
>
> A multitarefa e as interrupções causadas pelas modernidades eletrônicas são cada vez mais mencionadas em sessões de terapia. Os terapeutas de família relatam que as crianças sentem-se negligenciadas e rejeitadas se os pais verificam obsessivamente o *e-mail* nos momentos em que estão juntos.[6] E um psiquiatra de Massachusetts contou à revista *Time* de uma paciente cujo marido insistia em manter o seu *BlackBerry* na cama durante as relações sexuais.[7]

Mas apesar do efeito negativo das interrupções na produtividade, seria estupidez sugerir que devemos – ou podemos – acabar com tudo de uma vez. Na EV, a idéia de passar o dia concentrado em um projeto até terminar e, depois, em outro e mais outro, é irreal, se não um tanto obtusa.

Nos primórdios do capitalismo industrial, o trabalho era estruturado em divisão única de tempo: começamos uma tarefa e terminamos antes de começar a outra.[8]

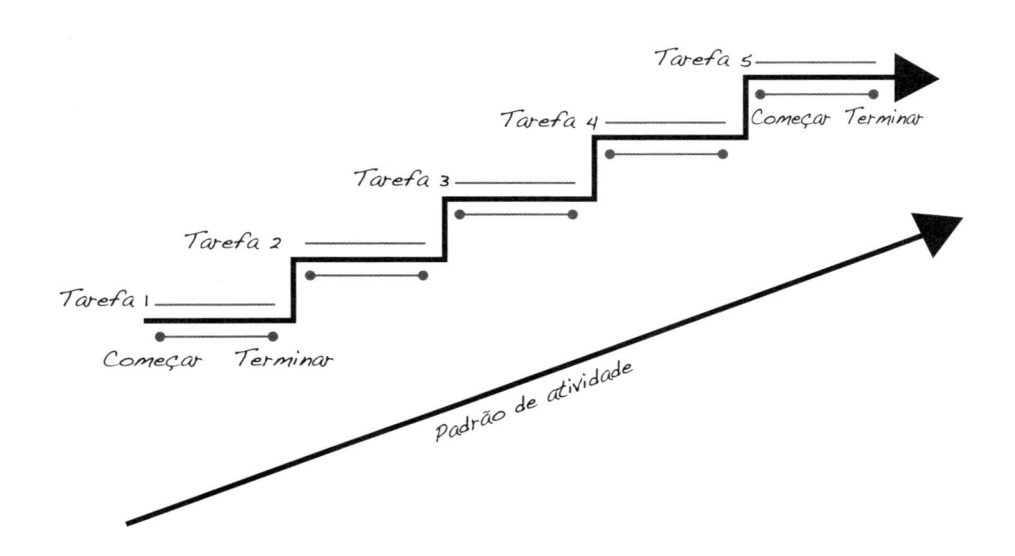

O padrão de atividade era simples e linear, e a produtividade pessoal era estruturada em segmentos discretos e ordenados – tarefa 1, começar e terminar; tarefa 2, começar e terminar, e assim por diante.

Hoje, no entanto, enfrentamos a demanda em tempo real, portanto o modo como trabalhamos é mais complexo. Começamos uma tarefa, passamos à outra, começamos outra atividade, completamos a primeira tarefa começada, continuamos a terceira começada, e assim por diante.[9]

Chegamos ao ponto em que os padrões de atividade não são nem mais lineares. Podemos – e muitas vezes devemos – reagir aos problemas quando eles surgem, portanto trocamos de tarefa em tarefa entre as atividades à medida que corremos para manter todos os pratos equilibrados e girando. Agora que temos a tecnologia para isso, espera-se que continuamente alternemos entre várias tarefas, a qualquer tempo e em qualquer lugar. Não é mais possível ou prático evitar a multitarefa ou ignorar as interrupções. Se tentarmos, sacrificaremos exatamente as ferramentas que inventamos para

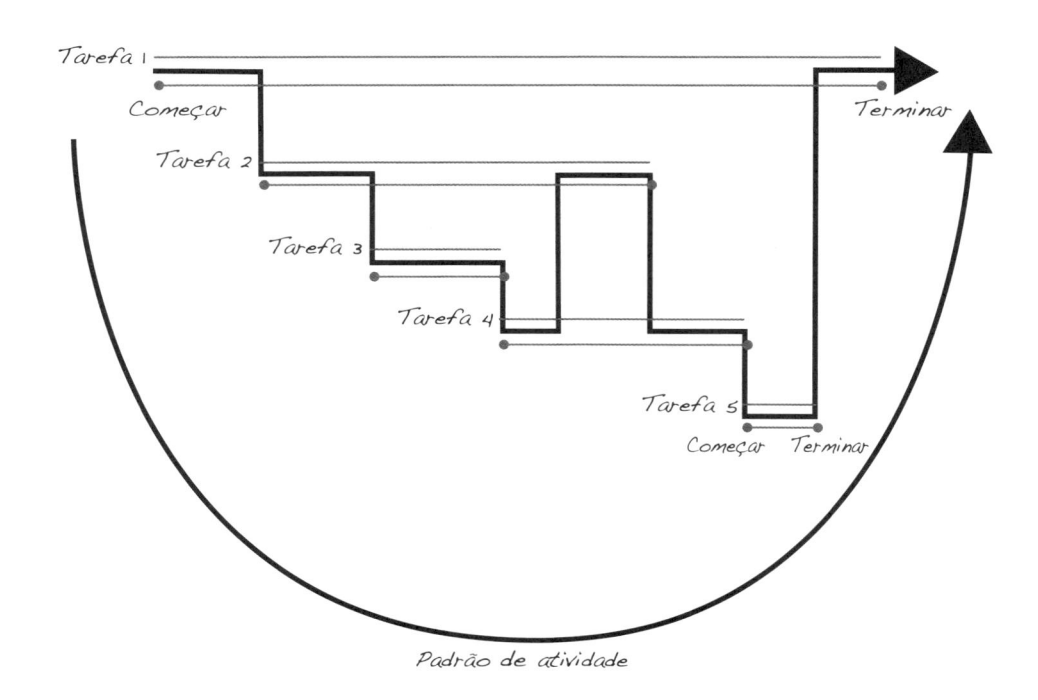

Padrão de atividade

atender às demandas de uma base crescente de clientes internos e externos – ferramentas que desde o início da década de 1990 têm melhorado substancialmente a produtividade do trabalhador.[10]

Evidentemente, a multitarefa não é de **toda** ruim. Mas, se tentarmos realizar seis coisas ao mesmo tempo e lidar com as constantes interrupções, perdemos o foco e a eficácia e temos de trabalhar mais para terminar tudo. Portanto como podemos conciliar os benefícios da velocidade proporcionados pelas interrupções e pela multitarefa com a clara resistência exercida por elas?

CAPÍTULO VINTE E SEIS

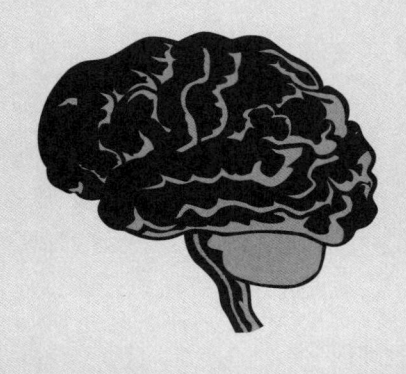

Exercício de Consciência

A resposta para o dilema da multitarefa está na adoção de uma abordagem analítica consciente. Precisamos aceitar as interferências que agilizam, mas evitar as que a prejudicam. Uma premissa psicológica básica estabelece que certo grau de estímulo ou impulso aumenta a produtividade, mas, em demasia, reduz. Gloria Marks, pesquisadora da Universidade da Califórnia, relaciona o princípio diretamente à multitarefa: "É de se esperar que certo grau de multitarefa aumente o estímulo, talvez aumentando a eficácia. Mas, em excesso, reduza o desempenho."[1] Para simplificar o estilo de vida e eliminar a resistência desnecessária, temos de assumir o controle das interrupções que devemos aceitar e de quando aceitá-las – quando executar várias tarefas ao mesmo tempo e quando se concentrar em apenas uma.

O primeiro passo consiste em avaliar a importância de cada tarefa e decidir se deve ou não aceitar a interrupção. Será que a interrupção é mais importante do que a tarefa do momento? Será que vale a pena perder meia hora de produtividade? Isso pode parecer insano, mas nem sempre usamos o tempo para priorizar as interrupções. Em uma recente pesquisa, **55%** dos trabalhadores afirmaram abrir a mensagem eletrônica recebida quase de imediato, indepen-

55% dos trabalhadores afirmam abrir a mensagem eletrônica recebida quase de imediato, independentemente de quão ocupados estejam.

dentemente de quão ocupados estejam.² Mas, se avaliarmos com consciência a importância da interrupção e decidir se a troca compensa, o nosso comportamento e os resultados refletirão com mais exatidão as nossas prioridades.

Ao decidir adotar ou não a multitarefa, é necessário questionar-se se não seria melhor ficar totalmente envolvido na atividade do momento. Se o seu filho estiver contando sobre o dia na escola e você receber uma mensagem de texto no celular, talvez deva resistir ao impulso de verificar a mensagem imediatamente; o seu filho tem prioridade. Mas, se estiver trabalhando em algum projeto de longo prazo e o cliente lhe enviar uma mensagem eletrônica com algum questionamento urgente, a sua produtividade geral, as suas relações de trabalho e o seu bem-estar provavelmente não ficarão comprometidos se você aceitar essa interrupção – na realidade, eles podem ser prejudicados se decidir ignorá-la. Cientes dessas distinções, conseguimos colher os benefícios decorrentes da dedicação plena em momentos importantes – sejam momentos de reuniões com os clientes, de conversa com os amigos, ou de convivência com a família – sem renunciar às vantagens da multitarefa.

Depois, precisamos examinar a quantidade total de interrupções que aceitamos e a freqüência com que executamos várias tarefas ao mesmo tempo. Os pesquisadores da Universidade de Oregon constataram que a memória fica comprometida quando nos deixamos desviar por interrupções constantes. Os centros de memória e organização do cérebro podem sofrer danos quando transbordados de hormônios do estresse – reação comum contra a multitarefa ou as interrupções.³ Na tentativa de conciliar tarefas demais ou aceitar interrupções demais, o cérebro acaba condicionado a permanecer superestimulado, diminuindo a capacidade de concentração.⁴ Não apenas a produtividade (e, portanto, a velocidade) fica comprometida, como também outra capacidade valiosa – a benéfica concentração total.

Por último, é preciso avaliar que tipos de tarefa se está tentando executar simultaneamente. A multitarefa é uma boa opção apenas quando se está fazendo algo irrelevante ou suficientemente simples que a diminuição da potência cerebral (lembre-se, ela fica reduzida pela metade quando se faz duas coisas ao mesmo tempo) não afete negativamente a produtividade ou os resultados. Para lidar com mais de uma tarefa complexa ao mesmo tempo, o cérebro, por causa da sua inerente capacidade limitada de processamento de informações, simplesmente precisa trabalhar mais lento. Do contrário, os erros se multiplicam e acabamos levando o dobro de tempo ou mais para terminar cada tarefa.[5] Uma tarefa domina a outra em termos de função cerebral e atenção, portanto não estamos realmente fazendo duas coisas ao mesmo tempo, estamos apenas alternando entre duas tarefas – uma interrompendo a outra.

No ambiente de trabalho, o excesso de multitarefa e de interrupções não examinadas prejudica a produtividade. **Então, o que as organizações podem fazer para evitar a diminuição no ritmo?** Encontrar maneiras de ajudar os funcionários a retroceder um passo e concentrar-se, quando necessário, dedicando tempo ao trabalho mais importante que se espera ele realize. Algumas companhias destinam o tempo toda semana, todo mês ou todo trimestre exclusivamente ao trabalho: sem reuniões, sem expectativa de respostas imediatas, sem interrupções repentinas. Todo trimestre, a Dow Corning reserva uma semana sem reuniões. A IBM reserva tempo às sextas-feiras para os funcionários se concentrarem no trabalho que, de outra forma, teriam de terminar fora do expediente normal.[6] Para usar efetivamente esse tempo, as interrupções devem ser mínimas. A porta deve permanecer fechada, os funcionários devem evitar verificar as mensagens a cada cinco minutos (a menos que seja fundamental para o trabalho), e ninguém deve aparecer para compartilhar informações que possam ser fornecidas por mensagem eletrônica ou em outra hora.

CAPÍTULO VINTE E SETE

Em Excesso, Atrapalha

Nos dias úteis, uma vez livre das interrupções desnecessárias e da multitarefa devoradora da produtividade, o trabalho fica menos confuso – mais aerodinâmico e mais rápido. Mas, se ainda restar muito a fazer, estude formas de filtrar e processar as informações e os trabalhos que vão brotando na sua mesa.

A questão é que todos somos desviados, interrompidos e surpreendidos, e, na EV, é praticamente inevitável por causa da profunda transformação da acessibilidade e da permanente mudança das demandas. Quando outrora existiam limites naturais quanto à quantidade de contatos efetuados em um dia e à quantidade de informações obtidas em uma hora, hoje existem boas chances de se realizar diariamente mais contatos e buscar mais informações – mais dados, mais entretenimento – do que se fazia em uma semana há 10 anos. Mas a tática de recebimento não mudou para compensar o aumento de volume. Ainda juntamos cada fragmento de dados disponível e digerimos praticamente todas as mensagens eletrônicas recebidas na caixa de entrada. Naufragamos nas trivialidades e no excesso. Gastamos grande parte do dia cuidando de pedidos irrelevantes e nos embebendo do conhecimento de qualquer assunto disponível.

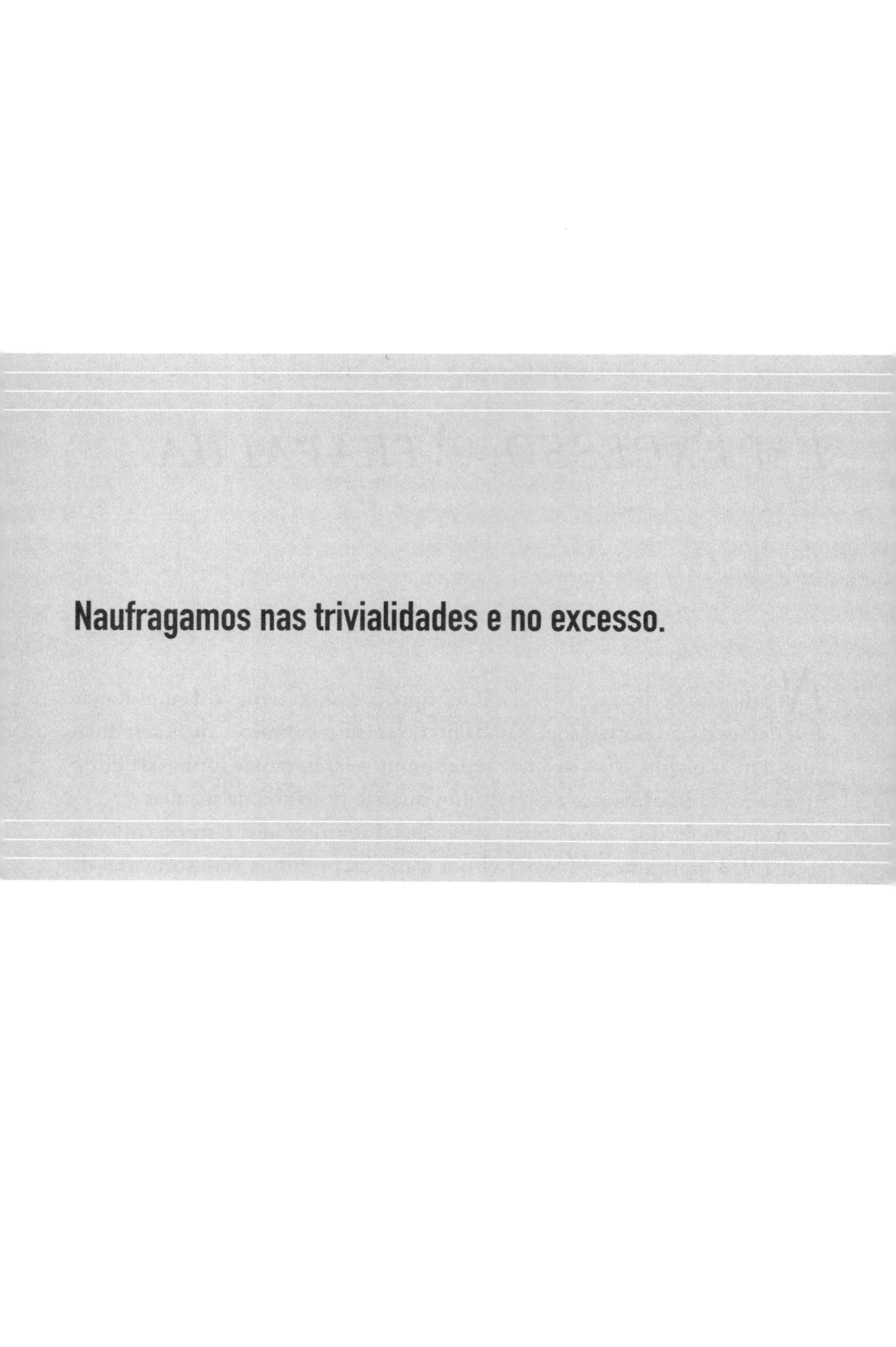

Naufragamos nas trivialidades e no excesso.

- Será que isso nos torna mais produtivos, ou apenas mais ocupados?
- Será que isso facilita a nossa vida, ou apenas a complica mais?

Em vez de simplesmente deixar esse oceano de informações e pessoas não examinadas inundar a nossa mente, a nossa mesa e a nossa vida, é necessário restringir o fluxo de recebimento, identificando as fontes confiáveis. Isso talvez signifique cadastrar-se para receber mensagens atualizadas de apenas dois dos jornais eletrônicos favoritos ou de fontes setorizadas de notícias para manter-se atualizado – em vez de consumir cada informação recebida. Isso talvez signifique informar o número do celular ou do telefone direto apenas àqueles que com certeza não irão abusar – somente a amigos e parentes, ou clientes conhecidos há mais de seis meses. Isso significa proteger o endereço de correio eletrônico usando filtros contra *spam* e outras ferramentas, de modo a receber menos mensagens indesejadas. Reservar tempo para avaliar o volume de informações, pedidos, contatos pessoais e interrupções que interferem na nossa vida a toda hora. A vida seria melhor sem quantos desses itens? A cada dia, surgem cada vez mais produtos e serviços visando ajudar a filtrar informações, tarefas e decisões, portanto aproveite-os.

NOTA RÁPIDA

Quando a Apple se comprometeu a conectar seu iPhone à rede AT&T, as duas companhias remodelaram o sistema de correio de voz da AT&T para permitir ao usuário do iPhone filtrar as mensagens. Em vez da demorada verificação de todas as mensagens em ordem cronológica, os usuários do iPhone conseguem visualizar uma lista de mensagens de voz e escolher quais, se houver, deseja ouvir.

Os filtros ajudam, também, as organizações. Com inteligência competitiva, por exemplo. Na maioria das indústrias, possuir o máximo de informações possível dos concorrentes tem sido há tempos uma necessidade, mas, antigamente, o processo de coleta de dados era complexo e demorado. Era difícil determinar o que se precisava saber e onde encontrar as informações.

Na EV, no entanto, as informações estão mais prontamente disponíveis. As companhias têm *sites* e *blogs* para compartilhar informações a respeito da visão, da missão, das metas e das estratégias da empresa. Os funcionários (atuais e antigos) compartilham informações a respeito das companhias nos *blogs* pessoais e por meio de páginas de rede de contatos sociais, como o MySpace e LinkedIn. Mas ninguém tem tempo para organizar todas essas informações potencialmente valiosas, assim novos mecanismos estão sendo criados para automatizar o processo. Afirma o CEO e presidente da QL2 Software, Chris Buckingham: "Antes as companhias ficavam sentadas em uma ilha cercada de informações; hoje, elas possuem algumas ferramentas que ajudam a organizá-las."[1] O WebQL 3.0 da QL2 é uma ferramenta bem interessante. Conforme a ferramenta busca na Internet as informações baseadas em palavras-chave definidas pelo usuário, ela vai avaliando a validade da referência. Por exemplo, a ferramenta consegue determinar por sintaxe e contexto se o termo ou a frase está sendo usada em tom sarcástico e ignorar a referência.[2] Com ferramentas avançadas de filtragem e coleta de informações como essas, as empresas podem dedicar menos recursos ao processo de decisão rápida e informada – componente fundamental para ser aerodinâmico.

CAPÍTULO VINTE E OITO

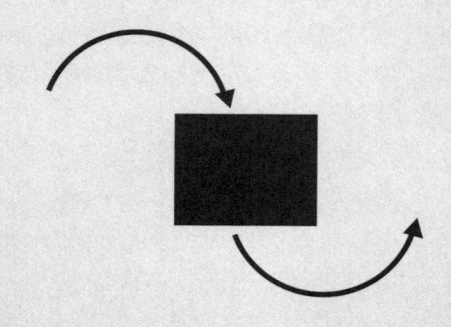

Longe da Mesa e Fora da Caixa de Entrada

Uma vez priorizada cada tarefa e reduzido o montante de informações que penetram na consciência, o próximo passo consiste em processar rapidamente as tarefas e a informações. Observe que isso não é o mesmo que completar as tarefas e consumir as informações. A diferença é importante. Quando você está completando as tarefas e consumindo as informações, está as aceitando, realizando qualquer esforço necessário para entender ou executá-las e, depois, controlando para ter certeza de não deixar nada sem resolver. Quando você está **processando** as tarefas e as informações, talvez complete ou consuma algumas, mas outras acabe encaminhando a destinos confiáveis.

Destino confiável é alguém ou algo em que se confia possa oferecer o necessário, sem supervisão. Por exemplo, quando você recebe uma mensagem eletrônica com alguma dúvida que não saiba responder, encaminha a alguém que possa – alguém em quem acredita será capaz de cuidar do assunto sem o seu acompanhamento. Caso não receba nenhum retorno do destino confiável, você presume que o assunto tenha sido resolvido *e* **considera a questão**

encerrada. O destino confiável entende como sua a responsabilidade a ele transferida, a menos que informe o contrário a quem lhe transferiu tal responsabilidade. Quando alguma tarefa lhe é transferida, ele trata de executá-la (ou a transfere para algum destino seu confiável) sem discutir.

Evidentemente, o destino deve ser escolhido com inteligência – e com cuidado para sustentar a sua parte na negociação –, mas o sistema em ação seria um milagre aerodinâmico. Não existe burocracia ou ansiedade envolvida, nem tempo perdido transferindo a responsabilidade. Você não tem de **fazer** tudo da sua lista de tarefas – apenas precisa encaminhar ao destino certo para que seja feito.

Se você consegue controlar tudo o que recebe e transferir as tarefas aos destinos confiáveis, mas ainda não consegue processar tudo, talvez esteja tentando realizar atividades demais. Antes de concluir que está sobrecarregado, no entanto, examine cuidadosamente cada tarefa realizada e todas as informações consumidas. Será que realmente não há mais ninguém que possa fazê-lo **por** você, **melhor** do que você? Delegar requer humildade, reconhecer que você não é a única pessoa competente na organização ou na família. Quando assumimos tarefas demais e tentamos realizar e consumir tudo em vez de simplesmente processar, estamos sendo não apenas arrogantes, como também ficando mais lentos e acrescentando resistência à nossa vida e ao nosso trabalho.

Dentro das organizações, principalmente nas de grande porte, talvez seja difícil identificar os destinos confiáveis. Quanto mais atolados os funcionários ficam de trabalho que outros conseguiriam executar mais rápido ou melhor, mais lenta a organização funciona e mais tempo as pessoas, as equipes, os departamentos e as divisões levam para atingir as metas. Para ajudar os funcionários a sentirem-se seguros em transferir tarefas, contatos ou idéias aos outros, os líderes e gestores devem promover uma cultura de confiança e implementar as ferramentas para possibilitar encontrar os destinos confiáveis. Em ambientes altamente competitivos, os funcionários tendem a confiar menos nos colegas ou a não os considerar destinos confiáveis, portanto o primeiro passo deve ser a avaliação da cultura da organização. Depois, simples ajustes na infra-estrutura da organização podem facilitar muito – e tornar mais provável - o rápido processamento e encaminhamento. Por exemplo, um banco de dados de funcionários contendo uma relação de palavras-chave para cada funcionário pode ajudar os colegas a identificar o trabalho específico de cada um, a sua base de conhecimento e as suas habilidades e talentos específicos.

• • •

Com a racionalização da multitarefa e das interrupções visando aumentar a velocidade em vez de diminuí-la, com a ordenação das prioridades, com a definição dos filtros para ajudar a absorver o necessário saber (e nada mais), e com o trabalho permanente em conjunto com os destinos confiáveis para processar tudo rapidamente, é possível aproveitar ao máximo a energia investida na aceleração. A meta – para as pessoas e as organizações – é eliminar a resistência, ser fluido, ser aerodinâmico. Quando a vida ou a empresa adquire aerodinâmica, ficamos livres da desordem, dos "detritos" que nos deixam mais lentos e nos impedem de concentrar no percurso e no ambiente. Uma vez aerodinâmicos, adquirimos o potencial de alinhamento.

PARTE SETE

ALINHAMENTO

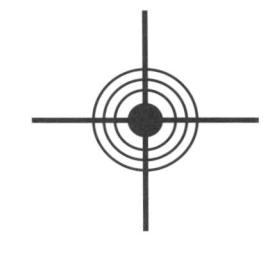

CAPÍTULO VINTE E NOVE

ATRAVESSANDO A CORDA BAMBA

Em 1991, atravessei correndo uma corda bamba – e não no sentido figurado. Voltando à minha época de esquiador olímpico, a melhor equipe do mundo era a da França, assim fui a Les Arc, treinar com eles. Em um dos exercícios, o técnico nos desafiou a atravessar de um lado ao outro uma corda bamba o mais rápido possível sem cair. Assim como seria de se esperar de um grupo de atletas olímpicos, éramos todos extremamente competitivos, medimos uns aos outros de cima a baixo, tentando imaginar quem seria o mais rápido a atravessar a corda.

Um seguido do outro, cada um de nós começou a atravessar a corda, acreditando conseguir vencer. E, um seguido do outro, cada um de nós fracassou. Ninguém venceu a disputa porque ninguém conseguia manter-se na corda. Com os braços abertos tentando equilibrar, os olhos fixos na corda e, cuidadosamente, colocando um pé na frente do outro. Todos nós concentramos a energia em andar rápido e não cair – mas, desse modo, todos caímos. Mais uma vez. E, mais uma vez.

Depois de acumularmos escoriações e humilhações suficientes, o técnico revelou o segredo: **caminhar rápido, não fixar o olhar na corda, e começar a se concentrar no destino**. "Procure um alvo claro do outro extremo da corda", ele disse, "e mire os olhos fixamente nesse alvo".

Um seguido do outro, subimos ao ponto inicial da corda e respiramos fundo. Fizemos uma breve pausa e, então, procuramos mirar um foco no final do percurso. Transferimos o nosso peso para frente e começamos a atravessar correndo a corda, sem jamais desviar o olhar do alvo. Um seguido do outro, conseguimos atravessar a corda sem cair – e com muita velocidade. Funcionou como um passe de mágica. De repente, o equilíbrio que achávamos não conseguíamos manter surgiu sem esforço, o movimento das pernas que parecia atrapalhado e impossível foi natural, a nossa frustração havia desaparecido, e conseguimos nos concentrar na velocidade. Uma vez nítido o alvo e permanecendo focados nele, o caminho e o processo ficaram simples – ficamos equilibrados e rápidos.

Para prosperar na EV, precisamos encontrar o alvo no final da corda e jamais perdê-lo de vista. Esse alvo é o nosso verdadeiro propósito, seja ele pessoal, profissional ou organizacional. Quando se está alinhado a um propósito verdadeiro, é possível partir do princípio e chegar ao fim de qualquer percurso com facilidade, equilíbrio e mais velocidade.

> ### NOTA RÁPIDA
>
> A apresentação na corda bamba também é denominada **funambulismo** (não confundir com **embolismo**). A origem latina é uma combinação de **funis** (corda) e **ambulare** (caminhar).

CAPÍTULO TRINTA

Propósito Verdadeiro

*E*star alinhado ao verdadeiro propósito significa que a sua meta, o seu foco (ou seu ponto final), é verdadeira diante dos valores mais profundos e das qualidades naturais e que as suas ações consistentemente promovem essa meta. Quando se persegue um propósito verdadeiro e existe um alinhamento das ações, tudo acontece mais rápido. A velocidade ocorre naturalmente, quase sem esforço, com menos obstáculos.

Desde a antiguidade, os filósofos têm refletido a respeito da natureza do propósito humano e individual. Para ajudar a definir esse conceito ardiloso, criaram palavras – **eudaimonia, teologia, ortogênese** – e desenvolveram teorias. Aristóteles acreditava na concretização da perfeição inerente como o verdadeiro propósito de qualquer ser vivo. Talvez estivesse certo; talvez o nosso verdadeiro propósito seja algo que nos permita ser exatamente quem somos – o nosso verdadeiro eu.

Na minha visão, o verdadeiro propósito seria alguma meta que permitisse integrar perfeitamente a verdadeira paixão, o verdadeiro valor e os verdadeiros talentos humanos à vida, usar os elementos da natureza inerentes ao ser humano em benefício próprio. Portanto para identificar a legitimidade ou não de um propósito o ser humano precisa compreender, tomar ciência desses aspectos de si mesmo. Mas isso não é assim tão assustador como pode parecer. Não requer anos de estudos filosóficos ou de profunda meditação – basta honestidade e análise. Para identificar o seu verdadeiro talento, veja as coisas na sua vida que ocorreram com facilidade. Para descobrir a verdadeira paixão, pense nas coisas que lhe proporcionaram os maiores momentos de realização. E considere as suas maiores contribuições na vida dos outros ou dentro das organizações para entender o seu verdadeiro valor.

De alguma forma, fica mais fácil identificar as metas da vida que não sejam legítimas, porque não é fácil esconder a insatisfação.

- Você já teve a oportunidade de conhecer alguém frustrado por perseguir um sonho durante anos e anos sem conseguir chegar perto de concretizá-lo? Enfrentando obstáculos a todo o momento?
- Avançando dois passos e retrocedendo um? Talvez essa pessoa esteja perseguindo o sonho errado. Se a meta não for legítima, não se mostrar verdadeira diante da real paixão do indivíduo, a velocidade tende a ficar indefinida, e talvez o destino jamais seja alcançado.

É tão importante para qualquer organização identificar o seu verdadeiro propósito assim como para qualquer indivíduo. Se uma empresa estiver tentando atingir algo pelo qual os funcionários, líderes, investidores, clientes ou as outras pessoas que tenham algum interesse não se sintam apaixonadas ou pelo menos a ele vinculadas, o avanço é lento, se houver. Para identificar o verdadeiro propósito, os líderes de uma organização precisam entender a sua verdadeira natureza.

- Qual é o valor especial da organização?
- Quais são as suas qualidades inerentes?
- O que torna a organização sólida?

No final das contas, o verdadeiro propósito não é apenas algo que as pessoas (individual ou coletivamente) acham que desejam – é algo que **sentem** que desejam. E é esse algo, esse sonho, que lhes proporciona uma espécie de toque de emoção – aquilo que sabem sem sombra de dúvida ser verdadeiro e certo. É o propósito em que acreditam e a meta que conseguem concretizar porque tiram proveito dos seus pontos fortes.

Mas a identificação do verdadeiro propósito é apenas o primeiro passo.

Todas as suas ações, tanto o que você faz como o que diz, devem estar alinhadas a essa visão se quiser atingir a velocidade máxima. Todos os dias, temos de realizar escolhas que afetam a legitimidade e, se não estivermos totalmente conscientes, não estivermos completamente alertas no esforço de manter o alinhamento, podemos derrapar e sair do curso sem sequer perceber. Seja para as pessoas, seja para as organizações, é vital permanecer focado no propósito verdadeiro e ter certeza de que as ações consistentemente promovem essa visão. Ouvimos, o tempo todo, histórias melancólicas do contrário acontecendo: o varejista que perde a noção do seu verdadeiro propósito depois de crescer demais ou de seu fundador deixar a empresa; o profissional que não consegue agilizar e avançar por trabalhar em algo pelo qual não sente nenhum entusiasmo; a empresa de *marketing* que não consegue atingir rápido nenhum objetivo porque os clientes e funcionários não entendem ou não se sentem ligados a um propósito pelo qual se importam; a nova empresa de tecnologia que possui uma grande visão, mas se perde por buscar oportunidades demais sem alinhamento a essa visão. A falta de alinhamento dissipa a energia da paixão, mas quando as pessoas e as organizações estão alinhadas ao verdadeiro propósito, elas conseguem realizar tudo com mais rapidez.

O foco necessário para identificar uma visão legítima e manter o alinhamento vale bem o esforço, porque quando todo comportamento e empenho ficam alinhados na direção dessa visão, a velocidade fica simples. Quando se está alinhado ao propósito verdadeiro, consegue-se tomar decisões rápidas e progredir rápido, porque não existe a batalha da dúvida, da indecisão ou da confusão. O caminho fica claro, o foco fica forte, os resultados ficam evidentes. Os recursos e a energia necessários são atraídos para seguir adiante e evitar as paradas inevitáveis provocadas pela energia de um esforço ilegítimo. Cada decisão, cada ação, impulsiona ainda mais à frente na direção da meta. O alinhamento legítimo torna o progresso automático – claro, perfeito e rápido.

- Como encontrar a sua própria visão legítima e sustentá-la por meio das decisões, ações e metas? É preciso começar identificando o ponto em que você se encontra, e avaliar o seu foco atual e ver se ele está realmente atrelado ao destino sinceramente desejado, necessário e viável.
- Você está se deparando com obstáculos e mais obstáculos na sua busca? Se estiver, vale a pena questionar a legitimidade do seu alvo.

- Você está concentrado em não fracassar e em tudo que isso exige?
- Está concentrado no que acha que precisa fazer?
- No que as outras pessoas fazem?
- No que deseja fazer – no que considera verdadeiro?
- Sente-se bem quanto ao alvo a que está se dirigindo?
- Será que está correto? É difícil definir uma visão legítima porque ela é peculiar a cada pessoa e cada organização e influenciada por tantos fatores, mas afirmo que, quando a identificar e começar a caminhar na sua direção, saberá, porque avançará mais rápido do que nunca com facilidade e confiança.

Da mesma forma como tantos outros aspectos da EV, conseguir o alinhamento requer profunda consciência das atividades da vida cotidiana.

- Volte um pouco por um instante, examine o modo como está gastando a sua energia e os recursos, e se questione, será que estão alinhados à minha visão?

CAPÍTULO TRINTA E UM

ORGANIZAÇÃO ALINHADA

*E*m uma empresa alinhada, sabe-se exatamente a razão da sua existência, percebe-se como ela se encaixa no universo ao seu redor, e atua-se somente de modo a promover ambas as forças. A visão da empresa é desenvolvida de forma intrínseca e adequada a ela e focada no seu destino, sendo ela sustentada com cada decisão, ação e meta. Com a noção exata do destino e a concentração em alcançá-lo, a empresa caminha à velocidade máxima.

A Nintendo serve de bom exemplo. As especificidades do mais recente console do *videogame* Nintendo, o Wii, vieram de uma era bem distante quando tudo era (ou parecia ser) mais simples. Lançado no final de 2006, a máquina não possui unidade de DVD, disco rígido interno, nem recursos de alta definição. Os recursos gráficos são apenas um pouco superiores aos da última geração de consoles, lançados por volta de 2000. E ele custa apenas US$ 250 – comparados aos US$ 600 do PS3 da Sony e os US$ 400 do Xbox 360 da Microsoft.

Mas o *design* tecnológico inferior não foi um erro. Ao contrário, ele é o símbolo do enfoque singular da Nintendo em jogos – a total atenção voltada a proporcionar a **experiência** de se divertir com os jogos em vez de ser um sistema projetado para servir de conexão com todo o entretenimento doméstico.[1] Na Nintendo existe alinhamento. A empresa possui uma visão legítima e se aproxima cada vez mais dela com cada ação colocada em prática. Por causa desse legítimo alinhamento, a Nintendo passou à segunda colocação na participação de mercado do setor.

Enquanto a concorrência se concentra quase exclusivamente no mercado de jogadores fanáticos, a Nintendo vem trilhando um caminho diferente. Na Nintendo, os avanços gráficos e tecnológicos – considerados vitais para os jogadores fanáticos que tradicionalmente provocam ou derrubam o sucesso de um sistema no mercado – são importantes, mas secundários na busca do verdadeiro propósito da empresa de criar uma experiência de jogo divertida e envolvente para as pessoas de todas as idades e níveis de habilidades. Sensíveis às mudanças do ambiente, na Nintendo, os esforços são alinhados ao crescente mercado ainda inexplorado pela concorrência. Na companhia, o seu propósito é conhecido e não se perde tempo e energia em produtos ou iniciativas que não contribuam diretamente para a diversão dos jogos; a empresa não desenvolve computadores, televisores ou tocadores de MP3. Quando surge alguma oportunidade, na Nintendo, ela é enxergada primeiro – e agarrada primeiro.

> **NOTA RÁPIDA**
>
> A Nintendo vendeu mais de dois bilhões de *videogames* desde 1985.[2]

No projeto da maioria das mais recentes ofertas da empresa, a Nintendo lançou mão dos seus pontos fortes e ofereceu jogos inovadores em vez de apresentação inovadora. O Wii possui um controle sem fio inédito sensível ao movimento que o usuário manipula diretamente, movendo-o como uma espada ou um martelo, mirando a tela como uma arma, ou girando-o acima da cabeça como uma catapulta medieval – qualquer objeto exigido no jogo. O tocador portátil DS da Nintendo, lançado em 2004, possui um *design* exclusivo e inovador com tela dupla sensível ao toque. Com esses avanços, a Nintendo tem conseguido criar jogos completamente diferentes dos oferecidos pela concorrência – jogos atraentes para um amplo público, e não apenas para crianças e adolescentes. No jogo *Nintendogs* para Nintendo DS, o usuário cria e treina animais de estimação virtuais; o jogador pode efetivamente "acariciar" esses animais, usando a tela sensível ao toque. O *Wii Sports* é conhecido por fazer os jogadores perderem o fôlego, movimentando as raquetes, os bastões e as bolas de boliche virtuais. (Alguns jogadores chegam a ficar tão envolvidos no jogo que acabam se machucando ou danificando os móveis – mas essa é uma outra história).

Existe um alinhamento do *marketing* da Nintendo tanto à sua visão quanto ao desenvolvimento dos seus produtos: a companhia dedicou 70% da campanha de *marketing* de lançamento aos jogadores de mais idade e menos experientes, pessoas geralmente consideradas fora da comunidade de jogadores. A Nintendo destinou US$ 28 milhões para atrair clientes de uma ampla base de potenciais usuários.[3]

Buscando um público mais amplo para os seus jogos, a Nintendo libertou-se do mercado limitado de jogadores fanáticos e exigentes e da "corrida armamentista" de consoles com a Sony e a Microsoft – e abriu as portas para outra possibilidade. Esse notável alinhamento ajudou a Nintendo a se tornar o desenvolvedor de sistemas mais rapidamente lucrativos. Para a Sony, cada unidade vendida do PS3 de US$ 600 efetivamente representa uma perda de mais US$ 200; para a Nintendo, a venda do Wii de US$ 250 é feita com lucro. Os custos de todo o projeto do Wii foram recuperados em janeiro de 2007 depois do lançamento do produto em novembro de 2006; a Sony teve de esperar um período estimado em três anos por algum retorno sobre a sua máquina.[4] Não por coincidência, a Nintendo transformou o seu principal ponto forte, o *software* de jogos, em produto altamente lucrativo. Vender e licenciar jogos é a parte lucrativa do desenvolvimento de um console, e a Nintendo vende muito mais jogos projetados internamente do que qualquer um dos demais concorrentes.[5] Os jogos para o Wii muitas vezes custam US$ 10 menos do que os novos jogos de console da Microsoft ou da Sony, mas a Nintendo ainda segue à frente na batalha por margens de lucro. O desenvolvimento do Nintendo DS apresenta uma margem de lucro de 70%; os seus custos são inferiores aos dos concorrentes.[6]

A projeção de lucros da Nintendo para 2007 aumentou logo depois do lançamento do Wii, quando ficou comprovado que o novo sistema não canibalizaria as vendas do DS, e que a companhia estava embarcando em uma espécie de tendência. De acordo com o CEO Satoru Iwata: "A demanda normalmente diminui depois do Natal, mas, este ano, não estamos vendo ela cair."[7]

O sucesso da abordagem da Nintendo, no entanto, não deve parecer uma surpresa. Estar alinhado é como ter uma bússola apontando realmente o norte. Não existe dúvida de qual direção seguir, de quais produtos lançar, de como motivar os funcionários e clientes, ou de como se posicionar no mercado. É a definição da simplicidade: a seta aponta a direção, e você segue a seta. Se encontrar um obstáculo no caminho, nunca fica difícil retornar pela trilha – o norte ainda fica ao norte, o seu verdadeiro propósito ainda é o seu verdadeiro propósito. Você simplesmente se desvia do obstáculo e mantém o norte na sua mira.

CAPÍTULO TRINTA E DOIS

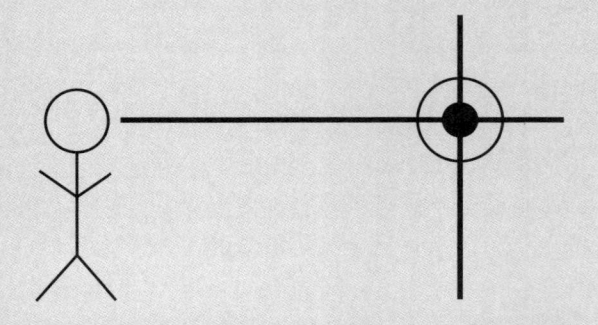

Indivíduo Alinhado

*I*ndivíduos alinhados atingem as suas metas em ritmo extraordinário, porque buscam aquilo que é importante para si e usam ao máximo o seu talento. Pense em Russell Simmons, fundador da Def Jam Records e CEO da Rush Communications. Ele é a quinta-essência do empreendedorismo, criando empreendimentos em ritmo aparentemente sobre-humano para alguns – e grande parte com êxito. A lista de empresas da sua carteira de empreendimentos mais parece uma mixórdia de organizações desconexas do que uma série de iniciativas bem estudadas, destinadas a sustentar uma visão mais ampla ou um conjunto de talentos. Observando mais a fundo, no entanto, fica claro que Simmons construiu um império baseado em dois pontos fortes. Primeiro, na crença no apelo comercial da cultura e da música da juventude urbana dos EUA, tanto no mercado interno como no externo.[1] Segundo, em seu talento ímpar de pegar alguma idéia de negócios desde a concepção à execução, reunindo o capital, as pessoas e o *marketing* criativo, fazendo tudo acontecer. Cada empresa, organização ou fundação criada por ele transmite uma mensagem positiva de inclusão, aceitação e progresso das comunidades urbanas afro-americanas. Quando cria um empreendimento de sucesso, ele passa adiante, vendendo ou transferindo a responsabilidade de gestão a alguém. Simmons, um homem apaixonado pelo empreendedorismo, sabe que, brigar com os detalhes do dia-a-dia de qualquer negócio, não é a sua verdadeira vocação. Ele alinha todas as suas iniciativas à sua verdadeira visão e aos seus talentos naturais – ao seu propósito verdadeiro.

Simmons aprendeu cedo o segredo do alinhamento, com o sucesso da Run-DMC, a primeira banda produzida por ele – e a lição o ajudou a manter-se verdadeiro com a sua visão e as suas metas pessoais. A Run-DMC tornou-se uma banda eclética de sucesso porque não tentou ser uma banda eclética. O grupo manteve o estilo autêntico e original das ruas de Nova York no modo de vestir e na música criada. Essa autenticidade foi o segredo do sucesso. "Você precisa dizer a verdade". "Dizendo a verdade, a comunidade passa a gostar de você. As [pessoas] conseguem sentir o cheiro da verdade, e são muito mais espertas do que as pessoas que lançam os discos"[2], afirma Simmons.

NOTA RÁPIDA

O reverendo Run da Run-DMC, Joey Simmons, é irmão mais novo de Russell.

É verdade que os negócios desenvolvidos por Simmons variam muito no propósito específico – a gravadora de música *hip-hop* Def Jam, a indústria de roupas Phat Fashions, as empresas de entretenimento Def Comedy Jam e Def Poetry Jam, o canal de vídeo *pay-per-view hip-hop*, a empresa de *marketing* urbano dRush, a organização sem fins lucrativos Hip-Hop Action Network de conscientização política da juventude urbana, os cartões de débito pré-pagos, uma linha de jóias, celulares personalizados, bebida energética e muito mais. Mas cada empreendimento sustenta a sua visão legítima de uma população urbana que se beneficia da influência própria, e cada um está alinhado às forças do mercado atuantes no seu ambiente. Quando perguntado sobre a linha sofisticada de jóias confeccionadas em diamante, Simmons salientou: "Nós da comunidade *hip-hop* temos definido estilos e criado tendências que ajudam no sucesso de muitas outras marcas... Esse empreendimento, espero, influencie outros afro-americanos a participarem ativamente de negócios que eles influenciem no mundo todo."[3] Os seus cartões de débito pré-pagos apresentam-se como solução para uma população muitas vezes sem acesso a contas bancárias e outros serviços financeiros.

Simmons tem uma visão que é legítima, e o seu comportamento está coerentemente alinhado a essa visão. "Fique na sua", ele diz. "Se você for suficientemente bom, as pessoas virão até você."[4] Como a sua visão é verdadeira e ele está usando ao máximo o seu talento, ele sabe quais projetos e comportamentos o beneficiam. Ele não perde tempo perseguindo idéias que não estejam alinhadas ao seu propósito, e não tem de gastar horas ou dias tomando decisões difíceis. Sendo Simmons um indivíduo alinhado, ele avança rápida e facilmente, sempre na busca de uma visão clara e verdadeira.

CAPÍTULO TRINTA E TRÊS

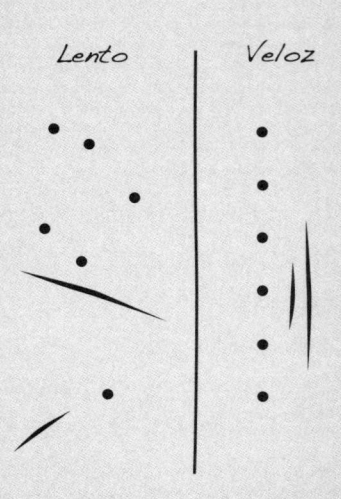

Procura-se a Simplicidade Desesperadamente

Uma vez identificado o verdadeiro propósito e se comprometido a alinhar os esforços, fica fácil encontrar o caminho do alinhamento: para ficar alinhado, procure a **simplicidade**. O princípio da **navalha de Occam** muitas vezes é interpretado da seguinte forma: sendo todas as alternativas iguais, a solução mais simples tende a ser a melhor. Mas a base desse pressuposto científico é um pouco mais complexa do que isso. A navalha de Occam é utilizada pelos cientistas para identificar aquelas teorias que claramente contribuem na explicação de um fenômeno ou na solução de algum problema, eliminar as teorias que efetivamente não contribuem na explicação, e escolher entre teorias concorrentes, identificando aquela que introduz o menor número de hipóteses na solução. Isso restringe o número de hipóteses e teorias nas quais se basear e torna a solução ou a explicação final a mais simples possível.

Desse ponto de vista, o princípio da navalha de Occam pode ser aplicado na nossa busca da velocidade. Na tentativa de caminhar mais rápido, de **resolver o problema** da velocidade, devemos eliminar todas as ferramentas, processos, tecnologias, idéias, empreendimentos e outros dispositivos desenvolvidos para agilizar, mas não alinhados ao nosso verdadeiro propósito. Se conseguirmos isolar os aspectos da nossa vida e das organizações que estão realmente alinhados a tais forças, simplificaremos o caminho e conseqüentemente seremos mais rápidos.

Essa idéia apresenta uma relação curiosa e inesperada entre velocidade e simplicidade. **A simplicidade é necessária para atingir e manter a velocidade!** Portanto o ato de perseguir a velocidade na vida e nos negócios cria um ambiente de simplicidade. Essa afirmação contraria a tendência natural, porque costumamos enxergar a lentidão como simples e a rapidez como caótica; mas a rapidez pode ser o caminho mais certo para a simplicidade. Embora necessitemos da simplicidade para atingir a velocidade, a velocidade pode conduzir a mais simplicidade conforme trabalhamos para manter a nossa velocidade. Por sua exata natureza, a rapidez é simples, portanto a simplicidade é uma das bases de sustentação do sucesso na EV.

Velocidade ∞ Simplicidade

Poucas empresas entendem o princípio do alinhamento – e como usar a simplicidade para atingi-lo – melhor do que a Royal Philips Electronics. A companhia busca a simplicidade em toda parte, tudo junto, todo o tempo, nos esforços de recuperação dos prejuízos devastadores registrados em 2001 que forçaram a empresa a demitir 55 mil funcionários.

- O que teria deixado a empresa nessa situação? Ela não estava alinhada: os funcionários não trabalhavam como unidade visando uma meta em comum, e a infra-estrutura era tudo, menos simples. "A Philips ficou tão... compartimentalizada que qualquer ocasião em que se podia agarrar uma oportunidade de crescimento reagrupando os recursos, perdíamos" afirmou o CEO Gerard Kleisterlee. "Os recursos ficavam em diferentes compartimentos e não eram acessíveis. Foi exatamente isso que tentamos mudar."[1]

Mas essa devastação efetivamente ajudou a companhia a chegar a um ponto crítico do entendimento. Se ela não conseguisse eliminar as barreiras internas que a impediam de ficar alinhada e rápida, não conseguiriam concentrar-se, não conseguiriam capitalizar nos pontos fortes, não conseguiriam competir e não conseguiriam sobreviver. Assim começou na Philips o processo de enxugamento de todas as divisões, produtos e pontos de foco que não estivessem alinhados ao seu propósito verdadeiro. Foi um processo longo e árduo. A companhia examinou cada divisão, cada produto, cada iniciativa para garantir o alinhamento de todos os esforços.

A Philips encontrou o seu verdadeiro propósito e transferiu toda a sua energia exclusivamente aos produtos e às divisões que estivessem alinhados. Na sua atividade principal, a Philips era uma empresa de produtos eletrônicos voltados ao usuário final, e era como tal que teria de atuar se quisesse um progresso rápido. Em 2004, a empresa reduziu as divisões de **trinta** para **cinco**. Em 2006, depois de vários anos de indecisão, a companhia concentrou o foco na área de sistemas médicos (por exemplo, equipamentos de ressonância magnética) e eletrônicos de consumo.[2] No final de 2006, a empresa vendeu a participação majoritária da Philips Semiconductor; vendeu também 8,4 milhões de ações da FEI Co., fabricante de microscópios de elétron; e adquiriu a Intermagnetics General, fabricante de ímãs supercondutores usados nos sistemas de ressonância magnética da Philips.

Mas as iniciativas da companhia na busca da simplicidade podem ser percebidas mais nitidamente na divisão norte-americana de eletrônicos de consumo que, em 2004, não apresentava lucro há 14 anos. A pressão era forte; em 2001 Kleisterlee sinalizou que fecharia a divisão se ela não apresentasse lucro em alguns anos. Entra em cena Reinier Jens. Como CEO da divisão, Jens reduziu de 600 para 100 o número de produtos vendidos nos EUA. Orientou os representantes de venda a concentrar os esforços exclusivamente nos 100 maiores varejistas (75% dos negócios estavam concentrados em apenas 10 dos principais), abrindo mão de centenas de contas menores e não lucrativas.[3] Essas mudanças ajudaram a acelerar a escalada da Philips na participação do mercado norte-americano: começando com apenas 5,4% do mercado de televisores LCD em 2005, a empresa chegou a 19,3% em apenas um ano.[4] Em 2006, a divisão norte-americana da Philips divulgou um lucro líquido pequeno, mas triunfante de 0,5% nas vendas.

> **NOTA RÁPIDA**
>
> Para a Philips, a simplicidade não era apenas uma idéia para racionalizar a infra-estrutura ou criar produtos mais práticos. Ela se tornou um modo de vida, uma nova forma de realizar negócios, uma nova maneira de pensar. Em 2004, a Philips criou um conselho consultivo de simplicidade composto de pessoas de fora da companhia e de outras indústrias que pudessem ajudar a identificar maneiras de se concentrar na **simplicidade dos produtos**, do *marketing* e das práticas empresariais. Um dos membros do conselho era John Maeda, autor do livro *The Ten Rules of Simplicity*. Nesse livro, Maeda recomenda – entre outras coisas – subtrair o óbvio e adicionar o significativo (uma interpretação da navalha de Occam).

Identificando e eliminando tudo que não estivesse alinhado ao seu verdadeiro propósito, a Philips eliminou aquilo que tornava a empresa lenta. Como pela própria natureza a rapidez é simples, a maneira mais rápida de a companhia atingir as metas foi seguindo o caminho mais simples. A simplicidade é essencial – a base de sustentação – para ficar alinhado. É praticamente impossível ser complexo e também ser alinhado e rápido.

Navegar pela vida ou pelos caminhos de uma organização quando não existe alinhamento seria como imaginar para que lado está o norte, olhando a sombra em vez de usar a bússola que se tem em mãos – é vago, duvidoso e hesitante *versus* preciso, seguro e veloz. Conhecendo a importância do alinhamento e estando ciente das suas vantagens na EV, ficamos motivados a descobrir a nossa visão legítima e nela investir todos os nossos esforços. Sem o legítimo alinhamento, não se consegue atingir a velocidade máxima; com ele, consegue-se atingir realizações fenomenais.

PARTE OITO

EXPLORANDO O PODER DA VELOCIDADE

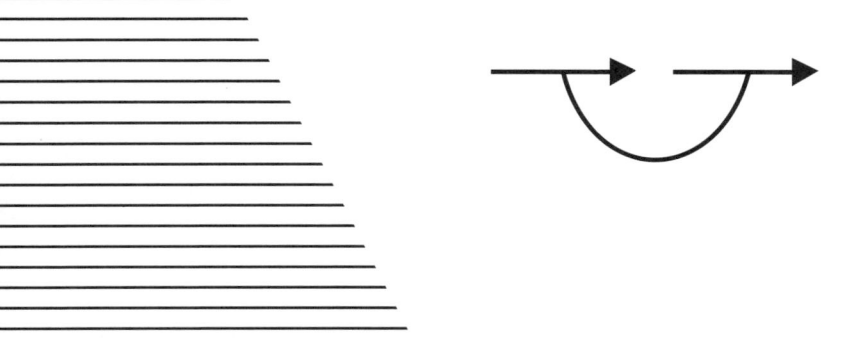

CAPÍTULO TRINTA E QUATRO

合氣道

AIKIDO

Frente a frente com a velocidade, precisamos agarrá-la e aproveitá-la em benefício próprio – assim como começou a fazer em 1997 uma pequena empresa de encomenda pela Internet na região norte da Califórnia. A companhia se especializou no fornecimento de produtos que os consumidores compravam nas lojas convencionais espalhadas pela cidade, mas com melhor preço, mais variedade e mais comodidade (o cliente não precisava sair de casa). E com rapidez, também: dentro perímetro da própria cidade, os itens do cliente geralmente eram entregues em 24 horas. A companhia oferecia tudo isto – preço, variedade, comodidade e rapidez – e o seu sucesso no mercado local propiciou a sua expansão. Los Angeles foi naturalmente o segundo mercado – uma base enorme de potenciais clientes e não tão distantes da sede. Mas a cidade ficava fora do alcance dos depósitos da companhia, assim os clientes de Los Angeles não teriam a mesma entrega rápida oferecida aos clientes locais. De repente, a companhia precisava tomar uma decisão: minimizar a importância da velocidade junto aos clientes, ou agarrar e explorá-la a seu favor.

A velocidade havia servido bem à empresa até então – a rapidez da entrega era fator conhecido do sucesso da empresa. Mas seria arriscada a adesão total à velocidade. Exigiria a construção de um novo centro de distribuição, e os lucros da companhia não cobririam os custos. A companhia teria de tomar um empréstimo – vultoso. Por outro lado, se a companhia resistisse à velocidade, evitaria o risco de se endividar demais tentando atuar em um novo mercado. Afinal, inúmeras empresas tiveram sucesso com muito menos que economia de custos, variedade e comodidade. Entrega rápida era apenas uma das muitas vantagens oferecidas pela empresa aos clientes habituais. Com uma boa campanha de *marketing*, os clientes do final da década de 1990 teriam sido muito bem convencidos de que esperar dois ou três dias para receber o pedido seria uma troca justa por outras vantagens.

Mas os líderes da companhia pensavam diferente. Eles imaginavam que se cumprissem e até superassem a demanda de velocidade, assumiriam ótima posição de crescimento e domínio do mercado. A concorrência talvez conseguisse reduzir os seus preços, melhorar a variedade de ofertas e até imaginar uma forma de oferecer mais comodidade, mas, se a companhia desse o salto e explorasse o poder da velocidade a seu favor, será que alguém conseguiria competir? A busca ativa da velocidade daria à empresa o ímpeto necessário para a continuidade da expansão. Assim os donos da empresa arriscaram tudo e decidiram adotar a velocidade. Com uma visão firme voltada ao crescimento futuro, a companhia sofreu perdas líquidas de US$ 137 milhões nos primeiros quatro anos durante a construção de um sistema de distribuição que garantisse a rapidez na entrega em cada nova área atendida.

O investimento compensou. A ex-pequena empresa da Califórnia, Netflix, tornou-se, em 2006, empresa de capital aberto, com 1.350 funcionários e US$ 996,7 milhões de receita bruta.

A Netflix consegue entregar DVDs a mais de 90% de seus clientes em um dia útil, e o número de cadastrados cresceu de 239 mil no primeiro ano para mais de seis milhões em 2006.[1] Apesar do pesado investimento na construção da rede de distribuição nacional, a Netflix registrou um lucro de US$ 14,9 milhões em 2006.[2]

> ### NOTA RÁPIDA
> Em janeiro de 2007, a Netflix implementou um sistema planejado no longo prazo para eliminar o tempo total de transporte, oferecendo a exibição instantânea de filmes e programas de TV.[3]

• • •

A diferença entre o modo como a Netflix adotou – e até buscou – a velocidade e o modo como muitas pessoas e organizações a enfrentam é como a diferença entre o boxe e a luta marcial *aikido*. No boxe, o lutador concentra-se em bloquear ou evitar os avanços, e atacar o desafiante com socos ou com força contrária; no *aikido*, ele aprende a se aproximar do adversário e usar a força de aproximação a seu favor. Na EV, é a solução para caminhar com mais rapidez – aproximar-se da velocidade e explorá-la em benefício próprio.

> ### NOTA RÁPIDA
> O fundador do *aikido*, Morihei Ueshiba, foi um dos homens mais rápidos do século XX. Conta uma lenda que certa ocasião ele conseguiu desarmar um inimigo, distante seis metros, em menos tempo do que o seu adversário levou para apertar o gatilho de uma pistola.

Funciona assim: quando combatemos uma força de aproximação, assim como no boxe, precisamos bloquear o avanço do adversário, evitar o seu avanço total, ou investir com um soco contra a potência da força de aproximação. Ou conseguimos e evitamos o avanço ou dominamos o adversário, ou fracassamos e desperdiçamos tanto a energia do adversário quanto a energia do nosso próprio avanço. Qualquer que seja o resultado, normalmente ocorre um impacto (provavelmente doloroso), e ambos os combatentes ficam enfraquecidos depois do choque.

No *aikido*, não há impacto, e a energia de uma das forças alimenta a potência da outra. Imagine um adversário se aproximando. Em vez de ficar com medo e resistir, mantendo-se rígido na defensiva e pronto para bloquear o ataque, você permanece relaxado, calmo e preparado. Você se antecipa à aproximação do adversário, aproxima-se dele e puxa-o para perto, depois usa a potência da energia e o ímpeto dele a seu favor, conduzindo-no na direção que você decidir. Não há impacto, não há dor. A sua energia e a do adversário se combinam para movimentar ambos na mesma direção com mais força do que apenas um dos dois conseguiria produzir sozinho.

Em vez de tentar combater ou evitar a velocidade, a Netflix adotou uma abordagem mais evoluída. O que o fundador Reed Hastings e a sua equipe sabiam era que, se tentassem combater a velocidade, investindo em algum programa de *marketing* visando valorizar os demais benefícios dos serviços da empresa, a demanda de velocidade poderia se mostrar forte demais para ser derrotada. Talvez investissem todo esse dinheiro e ainda perdessem para os concorrentes se os clientes ficassem irritados com a demora. Mesmo tendo êxito, mesmo convencendo os clientes de que a espera seria um acesso válido a todos os demais benefícios, a posição da empresa poderia ficar enfraquecida sem o apoio do poder da velocidade. Em vez disso, eles se anteciparam, aproximaram-se da velocidade e usaram o seu poder a seu favor. Não apenas construindo uma rede de distribuição para entregar os produtos rapidamente em todo o país, como também procurando alternativas menos óbvias de usar a velocidade para crescer e solidificar a companhia. Buscar a velocidade tornou-se parte da cultura da empresa. Por exemplo, para viabilizar a rápida expansão e a entrada tranquila nos novos mercados, a empresa criou uma maneira de colocar um novo centro de distribuição totalmente em operação em até 48 horas assim que adquirido o imóvel. Máquinas são instaladas, funcionários são contratados e gestores experientes são transferidos de outras centrais para iniciar as operações e operar com a máxima rapidez.

A antecipação ao poder da velocidade e a sua busca ativa proporcionaram a Netflix, e podem nos proporcionar, a capacidade de se tornar agente da velocidade e não um reagente passivo. Já que o mundo continua a caminhar mais rápido, esses princípios nos permitirão usar a velocidade a nosso favor. Em vez de nos desgastar tentando resistir à velocidade, podemos assumir o controle da situação. Podemos potencializá-la, usando-a para atingir as metas. Quando agimos assim, conseguimos superar a pressa, as demandas e a exaustão. De uma vez por todas, podemos fazer da velocidade uma aliada.

CAPÍTULO TRINTA E CINCO

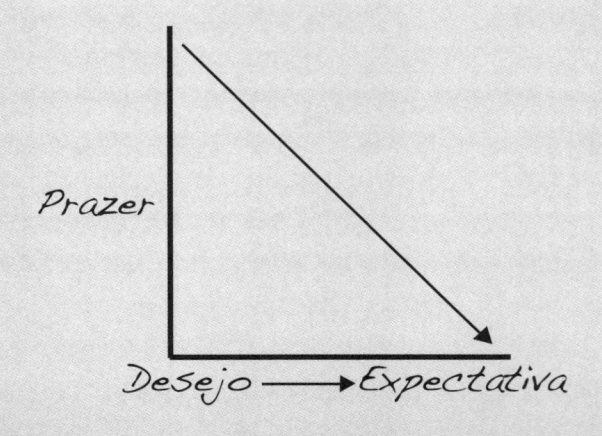

Prazer

Desejo ⟶ *Expectativa*

Antecipando-se
à Velocidade

Antecipar-se à velocidade significa preparar-se ativamente para as demandas do novo ambiente, isto é: recepcionar a velocidade na varanda da casa em vez de se esconder atrás da cortina enquanto ela põe a porta a baixo. Sabemos que a velocidade vem chegando (estamos pedindo para ela vir), portanto devemos todos nos preparar para recebê-la, descobrir como colocar em uso adequadamente a sua energia.

Se não aprendermos a nos antecipar à velocidade agora, as conseqüências se agravarão cada vez mais com o passar do tempo, porque a demanda de velocidade só continuará a crescer. Todo dia, para cada vez mais pessoas, a velocidade tem se tornado uma expectativa. Se encontramos acesso a Internet em um café ou um hotel, **esperamos** que seja banda larga (e gratuito). Quando adquirimos algum serviço novo, **esperamos** ter opções de pagamento automático para agilizar a tarefa de pagar as contas. **Esperamos** acessar as informações com menos cliques do *mouse*. O desejo de velocidade transformou-se em expectativa de velocidade em mais e mais áreas da nossa vida todos os dias.

A diferença entre expectativa e desejo
é sutil, mas importante.

A diferença entre expectativa e desejo é sutil, mas importante – principalmente em relação às conseqüências enfrentadas quando nos antecipamos ou deixamos de nos antecipar tanto à expectativa quanto ao desejo. Quando nos antecipamos ao desejo do cliente, proporcionamos-lhe um sentimento de satisfação, talvez até o impressionemos. Quando nos antecipamos a alguma expectativa, no entanto, simplesmente ratificamos a nossa competência (pense na avaliação do quesito "atende às expectativas" em uma análise de desempenho). O cliente talvez não fique impressionado, apenas satisfeito. Portanto será que se antecipar ao desejo seria mais importante do que se antecipar a alguma expectativa? Dificilmente. Imagine-se chegando a um restaurante, o *maître* o conduzindo à mesa, e o garçom aparecendo imediatamente com a água, um pires com fatias de limão, uma entrada variada (não apenas pão e manteiga) e a carta de vinhos. Ele o aguarda decidir, e sai rapidamente para preencher o pedido do seu drinque. Ele se antecipou ao seu desejo de acesso imediato à comida e à bebida, de limão na água, e de algo além de pão para beliscar – e atendeu ao desejo com um serviço rápido e de alta qualidade. **Como você se sentiria?** Provavelmente impressionado e satisfeito com a vivacidade dele. Talvez você desejasse água com fatias de limão, mas, se o garçom não se antecipasse ao seu desejo e você tivesse que lhe pedir que trouxesse algumas fatias, será que você ficaria irritado? Provavelmente não.

Mas qual seria a reação quando não nos antecipamos a alguma expectativa? Imagine-se chegando a um restaurante, sentando-se à mesa, e não recebendo um cardápio. Você aguarda. Finalmente, o garçom traz o cardápio, pão e manteiga. Você percebe a falta de talheres e água. Acaba pedindo a algum atendente para trazer talheres e, talvez, aproveitando a presença dele ali, alguns guardanapos. Como você se sentiria agora? Provavelmente irritado. Você espera receber o cardápio ao se sentar. Espera ter talheres e guardanapos antes da chegada da comida. Se simplesmente queremos algo, por exemplo, água com rodelas de limão, ficamos satisfeitos se assim nos servirem, mas não ficamos ativamente decepcionados se não. Mas, se esperamos algo, por exemplo, o cardápio, ficamos satisfeitos se nos trouxerem um e frustrados se não. Se não nos antecipamos à expectativa de velocidade, enfrentamos o julgamento que se segue à primeira má impressão. Deixamos um gosto amargo na boca do cliente, e será necessário certo malabarismo para mudar esse seu sentimento de irritação.

O nosso desejo de velocidade evoluiu transformando-se quase completamente em expectativa. Odiamos esperar na fila, esperar a página da Internet carregar, esperar o atendimento e ter de gaguejar diante de um menu de telefone automático prolixo. Suportamos quando necessário, mas ficamos impacientes e reclamamos, às vezes até recusando a fazer negócios com uma companhia que categoricamente não consegue atender à nossa expectativa de velocidade. Como a nossa expectativa de velocidade tem sido atendida com mais freqüência e em mais situações, ela se dissemina por mais e mais facetas da vida.

A velocidade está rapidamente se tornando um item básico, e, se não conseguirmos competir na área da velocidade em nosso ambiente de trabalho, nosso mercado, não teremos chance de atrair clientes ou investidores. Antecipar-se à velocidade não é necessário apenas para ter muito sucesso, mas também para sobreviver no mundo dos negócios.

Os riscos hoje são maiores. Assim como qualquer tendência, é necessário antecipar-se à velocidade se quisermos que ela trabalhe a nosso favor e não contra. Antecipação é a primeira lição que podemos aprender com o *aikido* e é a primeira maneira de se tornar um agente da velocidade. Se nos anteciparmos à velocidade e entendermos que os riscos vêm aumentando, o passo seguinte na abordagem ativa para o avanço da velocidade seria adiantar-se e aproximar-se dela, ir ao seu encontro.

CAPÍTULO TRINTA E SEIS

Buscando a Velocidade

A maioria de nós já busca a velocidade no sentido mais óbvio: procuramos os atalhos nos deslocamentos entre casa e trabalho, racionalizamos as linhas de produção, e aderimos cada vez mais rápido às tecnologias – em casa e no trabalho (escritório). Mas para avançar na EV –, ou seja, para usar a velocidade a nosso favor em uma época em que as demandas estão se transformando em expectativas – precisamos buscar a velocidade de forma mais inovadora. Devemos procurar não apenas as possibilidades mais óbvias, para as quais a velocidade é uma clara necessidade, mas assumir também os riscos mais inesperados, a partir dos quais a velocidade pode produzir resultados extraordinários.

O meu restaurante favorito em Austin, Texas, é um estabelecimento japonês chamado *Uchi*. A comida é sempre fenomenal e o serviço, excelente, mas o que realmente destaca esse lugar é a vitalidade do restaurante. E no âmago dessa vitalidade, é claro, está a velocidade.

Desconfio que, a maioria dos donos de restaurantes, quando pensa em como agilizar o serviço, pensa na rotatividade das mesas. Quanto mais rápido servir os clientes e limpar as mesas, mais pessoas poderão ser atendidas, e mais receita é auferida. Mas o dono do *Uchi*, Tyson Cole, enxergou uma oportunidade totalmente diferente. Ele valoriza a importância da velocidade e queria usá-la a seu favor, mas desejava também que os clientes se sentissem bem no restaurante, não pressionados. A experiência de comer no *Uchi* deveria ser uma forma singular de entretenimento, na visão de Cole, e não apenas de um local para devorar a refeição. Ele decidiu usar a velocidade para fazer com que os clientes retornassem mais e mais vezes, e não para que eles deixassem o restaurante mais e mais rápido.

Cole não considera adequado para a EV o modelo tradicional de apresentação da refeição com entrada, prato principal e sobremesa, e corretamente anteviu que os clientes achavam o mesmo. "Hoje todos têm muito pouco tempo de atenção. Não queremos um prato diante de nós 20 minutos na mesa."[1] Assim Cole abandonou aquele modelo a favor de uma série de pratos pequenos trocados constantemente pelos atendentes. Os clientes ficam o tempo todo com um prato novo pequeno diante deles, mantendo-os envolvidos na refeição, e a troca rápida dos pratos em todas as mesas pelos atendentes cria exatamente o tipo de ambiente dinâmico que Cole procurava. "Esse sistema melhora as conversas. As pessoas têm mais sobre o que conversar. Elas ficam mais envolvidas, e a experiência fica mais divertida." Cole usa a velocidade para promover a **variedade**, para criar a **vitalidade**.

Tyson Cole foi ao encontro da velocidade de uma forma diferenciada dos concorrentes, e essa atitude colocou em destaque ele e o restaurante – Cole aparece na lista de 2005 dos melhores *chefs* novos dos EUA, na revista *Food & Wine*. Por causa da excelente comida e certamente por causa da atmosfera dinâmica, o *Uchi* não tem de combater as preocupações que incomodam a maioria dos restaurantes no mesmo mercado. Como a velocidade sempre dá vitalidade ao restaurante, as pessoas não rejeitam a idéia de ir até lá em uma noite fraca (leia-se "chata") como segunda-feira – de fato, o movimento do *Uchi* nas noites de segunda-feira é tão agitado quanto ao dos fins-de-semana. As pessoas estão dispostas a pagar pela experiência no *Uchi*, pelo ambiente do *Uchi*, portanto casa completamente lotada de clientes nas noites de sexta e sábado não é preocupação. Afirma Cole: "Não precisamos nos preocupar com aspectos, como, por exemplo, limpar rápido as mesas."

É simples ir ao encontro da velocidade em si; a parte complicada é encontrar os locais certos e a maneira certa de aplicar o toque rápido e inovador.

Buscar a velocidade é um exercício de consciência. Envolve avaliação constante da tarefa em questão, perguntando: "Será que consigo agilizar isso? O que eu realizaria se conseguisse?" Em vez de executar automaticamente as tarefas rotineiras, as pessoas que buscam a velocidade usam-na de maneira inusitada para atingir resultados inusitados. Elas encontram atalhos, aumentam a eficácia, ou racionalizam o sistema visando maximizar a importância de cada minuto, mas, depois, procuram as vantagens da velocidade além desses limites. Para elas, o tédio – o seu próprio e o dos outros – seria um alerta de que algo está se movendo tão devagar que não consegue manter as pessoas comprometidas, um sinal de outra oportunidade para colocar a velocidade em ação. Assim como se antecipar à velocidade, buscá-la está se tornando necessidade para o sucesso na EV.

Aplicar o método do *aikido* no contato com a velocidade – antecipar-se à força de aproximação, ir ao encontro dela, e voltá-la a seu favor – é a solução máxima para a exploração do poder da velocidade. É a antítese da resistência e produz resultados contraditórios. Nas situações em que a resistência provoque conflitos e reduza a energia, o *aikido* apresenta a oportunidade de usar o poder da velocidade a seu favor. É uma troca de visão e uma mudança de comportamento: em vez de reagir à velocidade como algo a ser combatido ou detido, busca-se a velocidade, procurando constantemente novas maneiras de usá-la em benefício próprio.

CONCLUSÃO

Se quisermos prosperar em um mundo acelerado, precisamos usar o poder da velocidade a nosso favor. Esta é a única maneira de superar a pressa que parece dominar a nossa vida e das empresas. No século XXI, minha esperança é que, depois de ler este livro, você tenha uma nova visão, sinta-se fortalecido para assumir o controle do seu tempo, das suas tarefas, das suas prioridades, dos seus talentos e comece a transformar a sua vida em tudo o que deseja que ela seja e a sua empresa ou carreira em algo tão bem-sucedido quanto possível.

Reserve um minuto para refletir a respeito dos quatro perfis. É verdade que a vida mais lenta conduzida pelos Balões parece sedutora, mas poucos de nós se sentiriam realizados com uma vida desse tipo, e poucos vivem em ambientes que não demandem certo grau de velocidade, geralmente muitos. Não conheço ninguém que efetivamente queira ser Zepelim ou Rojões. Assim resta apenas o Jato, e se quisermos ser Jato, temos de adotar uma visão que promova a velocidade.

Ser um Jato é valorizar os interessantes benefícios oferecidos pela velocidade – mais vida, mais oportunidades e mais significado. E é estar consciente de como gastamos o tempo, de quais tarefas aceitamos, de como adotamos a velocidade ou de quando a rejeitamos. Se realmente quisermos decolar, temos de entender o nosso verdadeiro propósito, ser flexíveis e abertos às oportunidades, estar livres da desordem e da resistência que restringem o nosso potencial, e buscar a velocidade de forma singular e inovadora. Essas mudanças são o segredo para se prosperar no nosso **universo mais-rápido-já**. O desafio está em adotar a força de aproximação da velocidade e colocar essas idéias em funcionamento na vida e no trabalho – permitir que esses conceitos inspirem ações reais e resultados extraordinários.

APLICAÇÃO

A VELOCIDADE E VOCÊ

Reserve um momento para refletir sobre a importância para você da velocidade. Com que freqüência prioriza a velocidade em lugar de outras variáveis? (Você está cadastrado no programa *Clear*?) Será que existem áreas da sua vida em que a velocidade deva ser mais priorizada? Em algum momento, sente-se culpado por priorizar a velocidade?

Quais são os elementos da sua vida que o fazem sentir a maior falta de tempo? Os conflitos com a demanda de tempo o fazem sentir-se culpado ou estressado? Como lida com a falta de tempo?

Que área da sua vida você tem medo de acelerar por achar que terá de sacrificar alguma outro item? Tente pensar em pelo menos uma maneira de agilizar essa área ou de identificar alguma minúcia que possa acelerar nessa área que não exija o comprometimento de outros valores.

A VELOCIDADE E A SUA ORGANIZAÇÃO

- Você acha que a sua organização adota a velocidade o quanto deveria?
- A velocidade é considerada vantagem competitiva?
- O que torna a sua organização veloz ou lenta?
- O que você pode fazer para apoiar a integração da velocidade?
- Quais seriam algumas formas de resistência ativa à velocidade adotadas pela sua organização?
- Qual é a origem dessa resistência?
- O que você pode fazer para mudar o nível de resistência ou a percepção da velocidade dentro da sua organização?

DEFININDO A SUA ESTRUTURA

Na EV, os limites de tempo entre trabalho, casa e lazer são confusos. Controle durante uma semana a maneira como você gasta o tempo e esboce um gráfico de pizza com a estrutura do seu tempo. Agora reserve algum tempo para refletir sobre os seus valores e as suas prioridades. Prepare uma lista e defina quanto tempo você acha que deve gastar em cada item. Esboce outro gráfico com a estrutura de tempo. Os dois gráficos são parecidos? Use o gráfico baseado nos valores para ajudar a tomar as decisões quando se sentir em conflito em como gastar o tempo.

Crie outro gráfico mostrando como deseja gastar o tempo, mas dessa vez concentrado apenas nas prioridades do trabalho. Mostre o gráfico ao seu chefe para descobrir se ele concorda com a sua análise das prioridades. Agora, há semelhança entre a maneira como você realmente gasta o tempo no trabalho e esse gráfico?

- Como acelerar aspectos que parecem tomar o seu tempo e que não deveriam?
- Existe alguma maneira de mudar a abordagem do trabalho na sua organização que eliminasse parte do tempo gasto pelas pessoas em reuniões, respondendo as mensagens eletrônicas ou em detalhes irrelevantes gerais?

O SEU PERFIL E O PERFIL DA SUA ORGANIZAÇÃO

Analise os quatro perfis da EV – Balões, Zepelins, Rojões e Jatos. Crie uma lista das suas atitudes e do seu comportamento em relação à velocidade.

- Eles estão de acordo com algum dos perfis? Será que você é um misto de perfis?
- Será que existem comportamentos que você possa mudar para ficar mais próximo de um Jato?

Qual o perfil que mais se semelha à sua organização? Por quê? Em que aspectos a sua organização teria de mudar para ficar mais semelhante ao Jato?

SENDO ÁGIL

Na EV, é necessário ser ágil. Faça uma auto-avaliação dos seguintes atributos:
- Capacidade de detectar oportunidades do seu ambiente
- Disposição de se arriscar em prol da velocidade
- Agilidade na reação às mudanças do seu ambiente

Pense em algo da sua vida ou do seu trabalho que gostaria de agilizar. Reserve um tempo para pensar nas oportunidades talvez existentes para isso. Saia do óbvio e vá ao periférico. Pense em como algo que pareça não ter qualquer relação possa na realidade ter algum impacto.

Reserve alguns momentos para refletir sobre alguns riscos reais que possa assumir na sua vida ou na empresa que talvez ajude a atingir mais rápido alguma meta. Para você, evitar o risco é mais importante do que atingir a sua meta mais rápido ou não é importante?

Pense em alguma grande mudança na sua vida ou no trabalho ocorrida no ano passado.

- Como você reagiu à mudança?
- Ela o exauriu e prejudicou o seu progresso ou o surpreendeu e o fez reduzir o ritmo por algum tempo?
- Você conseguiu rapidamente integrar a mudança na sua vida e fazê-la atuar a seu favor?
- Voltando no tempo, você reagiria diferente?
- No futuro, como reagir de forma diferente à mudança?

SENDO AERODINÂMICO

Na Era da Velocidade, é necessário ser aerodinâmico. Faça uma auto-avaliação dos seguintes atributos:

- Multitarefa efetiva.
- Priorização e decisões inteligentes de como gasta o tempo.
- Identificação e utilização de fontes confiáveis e destinos confiáveis.

Torne-se um executor multitarefa consciente. Primeiro, olhe a sua mesa no momento mais atarefado do dia e anote quantos programas e arquivos estão abertos ao mesmo tempo. (Cada página da Internet deve ser considerada um item, o mesmo vale para documentos e mensagens eletrônicas). Depois, controle as suas atividades durante uma hora de um dia padrão.

- Quantas tarefas você começa e não termina antes de começar, continuar ou terminar uma outra?
- Será que esses padrões de atividade estão afetando a sua velocidade?

Faça uma lista de tudo que possa ou deva ser filtrado da sua vida cotidiana e tome as devidas providências. Durante uma semana, dê um jeito de filtrar e eliminar um item de pouco uso para a sua vida todo dia. Cancele a assinatura de jornais e revistas que não lê. Peça aos colegas e amigos para evitar ligar no seu celular, a menos que seja importante. Ao final dessa semana, será que você se sente mais livre da desordem, livre da resistência?

Crie uma lista de tarefas que execute regularmente e acredite sejam perda de tempo ou não consiga fazer muito bem. Para cada item da lista, reflita se existe alguém que possa fazer melhor e mais rápido do que você a quem pudesse delegar tais tarefas.

Pense em cinco aspectos da sua organização que criam a maior resistência. Elabore uma possível solução para reduzir cada fonte de resistência. Agora, tome alguma providência em relação a isso! Encaminhe as suas idéias ou recomendações aos líderes da companhia. Ou, se você for o líder, tome as providências imediatamente para reduzir pelo menos uma fonte de resistência.

FICANDO ALINHADO

Na EV, é necessário ficar verdadeiramente alinhado. Faça uma auto-avaliação dos seguintes atributos:
- Identificação de um propósito verdadeiro.
- Busca de metas que reflitam os pontos fortes, as paixões e o ambiente.
- Capacidade de simplificar frente à complexidade.

Será que você realmente entende qual é o seu verdadeiro propósito? Se não, faça o seguinte: honestamente avalie os seus pontos fortes, os seus talentos e as suas paixões. Pense naquelas atividades e buscas que lhe proporcionam a maior realização e o maior entusiasmo. Agora avalie todas essas informações para ajudá-lo a formular idéias acerca do seu verdadeiro propósito.

Se você entendeu qual é o seu verdadeiro propósito, acha que ele está alinhado às suas metas de curto prazo e às suas ações? Se não, tome as devidas providências. Quais seriam algumas metas que você pudesse eliminar ou ajustar para ficar mais alinhado ao seu verdadeiro propósito? Quais paixões precisa trazer à frente na sua vida para agilizar as suas atividades e decisões?

- Você é capaz de articular uma visão para a sua organização com a qual a sua energia e o seu tempo devam ficar alinhados?
- Acha que o que faz está alinhado a essa visão? Se respondeu negativamente a qualquer dessas perguntas, por quê? Considere discutir essa questão com o seu supervisor, inserir um comentário no *blog* ou no *site* interno da companhia, ou externar a sua opinião de alguma outra maneira.

Explorando o Poder da Velocidade

Crie uma lista das três principais atividades com as quais gostaria de gastar menos tempo. Depois, reflita bastante a respeito das oportunidades de agilizar essas áreas. Seja criativo, e liste pelo menos três soluções para cada uma das três tarefas – até as pequenas soluções podem fazer diferença.

Pense em como os vários benefícios da velocidade podem melhorar a qualidade da sua vida e do trabalho. Identifique um aspecto de insatisfação na sua vida e pense em como a velocidade poderia reduzir ou eliminá-la completamente.

Para obter mais informações a respeito de treinamento, palestras e consultoria para que você e a sua organização possam explorar a velocidade, visite o endereço www.vinceposcente.com

NOTAS

CAPÍTULO 1
1. Jane Black, "Toward a Biometrics Bill of Rights", *Business Week Online*, 7 nov. 2002, www.businessweek.com/technology/content/nov2002/tc2002117_8617.htm.
2. Joe Buney, "A Business Boom in Seeking Safety", *CQ Weekly Online*, 23 out. 2006, http://public.cq.com/public/homelandindex.html.
3. "Fly Through Security", *Kiplinger's Personal Finance*, jun. 2006, p. 20.
4. Ibid.
5. Verified Identity Pass, "Clear Facts", disponível em www.verifiedidpass.com/Clear%20Fact%20Sheet.pdf (acesso em 13 fev. 2007).
6. "Biometrics Gets Down to Business", *The Economist*, 2 dez. 2006, p. 21–22.
7. "Statistically Speaking", *Computing Canada*, 17 jun. 2005, p. 5.

CAPÍTULO 2
1. Aerion Supersonic Business Jet Specifications, disponível em www.aerioncorp.com/txt/presskit/AerionSpecs20061016.doc (acesso em 13 fev. 2007).
2. Jessica S. Vascellaro, "Seeing if Same-Day Delivery Works", *The Wall Street Journal*, 22 dez. 2005.
3. Pesquisa de opinião pública on-line, "When you are waiting in line in a store or office, how long are you usually able to wait before you lose your patience?" (*Quando você está aguardando na fila em uma loja ou algum órgão, quanto tempo normalmente consegue esperar até perder a paciência?*) Patrocinado pela Associated Press/Ipsos-Public Affairs, 28 maio 2006.
4. Laura Petrecca, "Stores, Banks Go Speedy to Win Harried Customers", *USA Today*, 1º dez. 2006.
5. Mya Frazier, "Progressive, Geico Prod Auto Rivals into Price War", *Advertising Age*, 28 fev. 2005.
6. Theresa Howard, "Presidential Allstate Ads Counter the Gecko", *USA Today*, 16 ago. 2004.

CAPÍTULO 3
1. Professor Daniel Hamermesh (catedrático de economia em homenagem ao centenário de Edward Everett Hale, Universidade do Texas, Austin), em discussão com o editor, dez. 2006.
2. "Finding Time", *Yankelovich Monitor*, 16 nov. 2006.

CAPÍTULO 4
1. Voz sobre IP, também chamado VoIP, telefonia IP, telefonia Internet, telefonia em banda larga e voz sobre banda larga é o roteamento de conversação humana usando a Internet ou qualquer outra rede de computadores baseada no protocolo de Internet, tornando a transmissão de voz mais um dos serviços suportados pela rede de dados.
2. Sequência de caracteres tipográficos ou imagens que traduzem estados psicológicos.

CAPÍTULO 9
1. Tara Parker-Pope, "This is Your Brain at the Mall: Why Shopping Makes You Feel So Good", *The Wall Street Journal*, 6 dez. 2005, p. D1.
2. Claudia Wallis, Sonja Steptoe, Wendy Cole, "Help! I've Lost My Focus", *Time*, 16 jan. 2006, p. 72–79.

CAPÍTULO 11
1. São criaturas do longa-metragem Gremlins, um filme do gênero humor negro. Os Gremlins se multiplicam rapidamente em contato com a água.
2. Who Moved My Cheese? "Who Moved My Cheese: The Phenomenon", www.whomovedmycheese.com/whomovedmycheese/phenomenon.php (acesso em 12 abr. 2007).

3 Michael Gartenberg, "Technology Now Defines the Business", *Computerworld*, 31 jun. 2006, p. 19.
4 Carol Kaufman-Scarborough, Jay D. Lindquist, "Understanding the Experience of Time Scarcity: Linking Consumer Time-Personality and Marketplace Behavior", *Time & Society* 12 (2003): p. 349-370.

CAPÍTULO 12
1 Bizarre, Almost Useless and Interesting Facts about our World, disponível em "Bizarre Fact #15", www.ebizarre.com/Category/Surveys_and_Statistics/2/ (acesso em 21 fev. 2007).
2 Martin Roberts, "'BlackBerry Thumb' Sparks New Form of Hand Massage", *Reuters*, 10 nov. 2006.
3 Carol Kaufman-Scarborough, Jay D. Lindquist, "Understanding the Experience of Time Scarcity: Linking Consumer Time-Personality and Marketplace Behavior", *Time & Society* 12 (2003): p. 349-370.

CAPÍTULO 13
1 Oliver Ryan, "Blogger in Chief", *Fortune*, 13 nov. 2006, p. 51.
2 Patrick J. Kiger, "Flexibility to the Fullest", *Workforce Management*, 25 set. 2006.
3 Ibid.
4 Ibid.
5 Ibid.

CAPÍTULO 16
1 Spartacus Educational, "Zeppelin Raids", www.spartacus.schoolnet.co.uk/ FWWzeppelinraids.htm (acesso em 12 abr. 2007).
2 About.com, "The Hindenburg Disaster", americanhistory.about.com/od/hindenburg/a/ hindenburg.htm (acesso em 12 abr. 2007).
3 Steve Hamm, William C. Symonds, "Mistakes Made on the Road to Innovation", *BusinessWeek*, 27 nov. 2006, p. 26-31.
4 Ibid.
5 Ibid.
6 Claudia H. Deutsch, "Kodak Posts Another Loss On Its Way to Going Digital", *The New York Times*, 1º nov. 2006, p. C3.
7 Steve Hamm, William C. Symonds, "Mistakes Made on the Road to Innovation", *BusinessWeek*, 27 nov. 2006, p. 26-31.
8 Ibid.

CAPÍTULO 17
1 ThinkQuest Library, "Chinese Globe Lanterns", disponível em library.advanced.org/23062/balloon.html (acesso em 16 abr. 2007).
2 Leonard Zinn (dono da Zinn Cycles), em discussão com o editor, dez. 2006.

CAPÍTULO 18
1 American Council on Science and Health, "Protect Your Eyes on July Fourth", disponível em www.acsh.org/printVersion/hfaf_printNews.asp?newsID=577 (acesso em 16 abr. 2007).
2 Ibid.
3 Andrew Park, "What You Don't Know About Dell", *BusinessWeek*, 3 nov. 2003.
4 Louise Lee, "It's Dell vs. the Dell Way", *BusinessWeek*, 23 fev. 2006.
5 "Return to Founder", *The Economist*, 3 fev. 2006.

6 Christopher Lawton, "Dell Loses Lead, and Investors Can Take Heart", *The Wall Street Journal*, 10 nov. 2006, p. C1.
7 Damon Darlin, "At Dell, Profit Rises, Questions Linger", *The New York Times*, 22 nov. 2006, p. C1, C8.
8 "Excerpts from Michael Dell's E-mail to Employees Friday", *Austin American Statesman*, 4 fev. 2007.
9 Ibid.
10 "Return to Founder", *The Economist*, 3 fev. 2006.
11 "Excerpts from Michael Dell's E-mail to Employees Friday", *Austin American Statesman*, 4 fev. 2007.

CAPÍTULO 19
1 Elinor Mills, "Google Says Speed is King", *CNET News.com*, 9 nov. 2006, http://news.com.com/2100-1032_3-6134247.html.
2 Ibid.
3 Kevin J. Delaney, "Google Adjusts Its Hiring Process as Needs Grow", *The Wall Street Journal*, 23 out. 2006.
4 Ibid.
5 Susan J. Berfield, "Best (and Worst) Leaders of 2006: The Best Juggernaut, Eric Schmidt", *BusinessWeek*, 18 dez. 2006, p. 60.
6 Ibid.
7 Robert Hoff, "Google's Brand New Appeal", *BusinessWeek*, 1º fev. 2007.
8 Ibid.
9 Elinor Mills, "Google Says Speed is King", *CNET News.com*, 9 nov. 2006.

CAPÍTULO 20
1 Greg Miller, "Flying by Feel", *Science Now*, 14 nov. 2005, p. 2–3.
2 Ibid.
3 *American Museum of Natural History*, s.v. "Bats: Flap Your Hands" (Adam Summers), biomechanics.bio.uci.edu/_html/nh_biomech/bats/bats.htm (Acesso em 9 mar. 2007).
4 Cornell University, "Unlike Other Bats, Vampire Bats Keep Out of Trouble by Running, Cornell Researchers Find", disponível em www.news.cornell.edu/stories/March05/Riskin.bats.snd.html (Acesso em 9 mar. 2007).
5 Greg Miller, "Flying by Feel", *Science Now*, 14 nov. 2005, p. 2–3.

CAPÍTULO 21
1 Alex Markels, "Turning the Tide at P&G", *U.S. News & World Report*, 30 out. 2006, p. 69–71.
2 Ibid.
3 Ibid.
4 Constantine Von Hoffmann, "Masters of Funky Flex", *Brandweek*, 25 set. 2006, p. 23–24.
5 Ibid.
6 Alex Markels, "Turning the Tide at P&G", *U.S. News & World Report*, 30 out. 2006, p. 69–71.
7 Lynn Andriani, "Workman, B&N, Fresh Direct: NYC Foodie Trifecta", *Publishers Weekly*. 16 out. 2006, p. 8.

Capítulo 22
1 Del Jones, "It's Lonely—and Thin-Skinned—at the Top", *USA Today*, 16 jan. 2007, p. 1B.

Capítulo 23
1 Kate MacArthur, "Pepsi, Coke: We Satisfy Your 'Need States,' *Advertising Age*, 27 nov. 2006, p. 3–23.
2 Mary Jane Credeur, "PepsiCo Net Rises 61% on Demand for Frito-Lay Snacks", *Bloomberg News*, 8 fev. 2007.
3 Kate MacArthur, "Pepsi, Coke: We Satisfy Your 'Need States'", *Advertising Age*, 27 nov. 2006, p. 3–23.
4 Stephanie Thompson, "Pepsi Dons Disguise in Attempt to Seduce the Whole Foods Devotees", *Advertising Age*, 2 nov. 2006.
5 Kate MacArthur, "Pepsi, Coke: We Satisfy Your 'Need States'", *Advertising Age*, 27 nov. 2006, p. 3–23.

Capítulo 24
1 Tom Benson, ed. "What Is Drag?" disponível em www.grc.nasa.gov/WWW/K-12/airplane/drag1.html (acesso em 27 abr. 2007).

Capítulo 25
1 Nanci Hellmich, "Most People Multitask, So Most People Don't Sit Down to Eat", *USA Today*, 30 set. 2004.
2 *Consumer Reports on Health*, abr. 2006, v. 18 ed. 4, p. 10.
3 Claudia Wallis, Sonja Steptoe, Wendy Cole, "Help! I've Lost My Focus!" *Time*, 16 jan. 2006, v. 167 ed. 3, p. 72–79.
4 Ibid.
5 Ibid.
6 Katherine Rosman, "BlackBerry Orphans", *Wall Street Journal*, 8 dez. 2006.
7 Claudia Wallis, Sonja Steptoe, Wendy Cole, "Help! I've Lost My Focus!" *Time*, 16 jan. 2006, v. 167 ed. 3, p. 72–79.
8 Carol Kaufman-Scarborough, Jay D. Lindquist, *Time & Society*; set. 2003, v. 12 ed. 2/3, p. 350-370.
9 Ibid.
10 David H. Freedman, "Why interruption, distraction, and multitasking are not such awful things after all", *Inc.*; fev. 2007, v. 29 ed. 2, p. 67–68, 2p.

Capítulo 26
1 Claudia Wallis, Sonja Steptoe, Wendy Cole, "Help! I've Lost My Focus!" *Time*, 16 jan. 2006, v. 167 ed. 3, p. 72–79.
2 Ibid.
3 *Consumer Reports on Health*; abr. 2006, v. 18 ed. 4, p. 10.
4 Claudia Wallis, Wendy Cole, Sonja Steptoe, Sarah Sturmon Dale. "The Multitasking Generation", *Time*, 27 mar. 2006, v. 167 ed. 13, p. 48–55.
5 Ibid.
6 "Working round the clock", *The Week*, 2 mar. 2007, p. 36.

Capítulo 27
1 Phil Britt, "The New Competitive Intelligence: Raising the Confidence Quotient", KMWorld, nov./dez. 2006, p. 11.
2 Ibid.

CAPÍTULO 31
1. Antony Bruno, "Console Wrap-Up", Billboard, 23 dez. 2006, v. 118 ed. 51, p. 20.
2. Catherine Colbert, "Nintendo Co. Ltd." Hoover's, acesso em 22 fev. 2007, http://www.hoovers.com/nintendo/--ID__41877--/freeuk-co-factsheet.xhtml.
3. Brian Bremner, "Nintendo Storms the Gaming World", Business Week Online, 29 jan. 2007, 21, http://www.businessweek.com/globalbiz/content/jan2007/gb20070126_278776.htm?chan=globalbiz_asia_today's+top+story.
4. Jay Alabaster, "Nintendo's 9-Month Net Beats Full-Year Target", The Wall Street Journal, 26 jan. 2007.
5. James Surowiecki, "In Praise of Third Place", The New Yorker, 4 dez. 2006, v. 82 ed. 40, p. 44.
6. Jay Alabaster, "Nintendo's 9-Month Net Beats Full-Year Target", The Wall Street Journal, 26 jan. 2007.
7. Aiko Wakao, Edwina Gibbs, "Nintendo sees profit doubling on strong DS sales", Reuters News, 9 jan. 2007.

CAPÍTULO 32
1. Jennifer Reingold, "Rush Hour", Fast Company, nov. 2003, ed. 76, p. 67.
2. Ibid.
3. Tamara E. Holmes, "Hip-hop Couple a Cut Above the Rest", Black Enterprise, maio 2004, v. 34 ed. 10, p. 24.
4. Ellen McGirt, "Russell Simmons", Money, jul. 2004, v. 33 ed. 7, p. 45.

CAPÍTULO 33
1. Michael Arndt, "The New Face of Philips", Business Week Online, 1º dez. 2005, 20, http://www.businessweek.com/innovate/content/nov2005/id20051130_346148.htm.
2. Steve Lohr, "New Name and Strategy for Chip Division at Philips", The New York Times, 1º set. 2006, p. C6.
3. David Armstrong, "Move into the Light", Forbes, 14 ago. 2006, v. 178 ed. 3, p. 106–107.
4. Ibid.

CAPÍTULO 34
1. "How It Works", disponível em www.netflix.com/HowItWorks (Acesso em 24 jan. 2006).
2. Netflix, "How It Works", disponível em www.netflix.com/HowItWorks (Acesso em 24 jan. 2006).
3. Michael Liedtke, "Netflix to Start Delivering Movies over the Internet", The Dallas Morning News, 16 jan. 2007.

CAPÍTULO 36
1. Tyson Cole, em discussão com os editores, 11 jan. 2007.

CRÉDITOS

É interessante ler os créditos. Você consegue enxergar o autor. Quem ele admira, com quem se relaciona, quem ele valoriza e agradece. É possível até perceber o tamanho do ego do autor. É possível efetivamente dimensionar o autor de um ângulo diferente do livro em si.

Então, lá vai. Julgue você mesmo.

Publiquei este livro sozinho por conta própria. Ninguém me ajudou e ninguém merece qualquer crédito além de mim. Agora, com licença, . . . preciso me olhar no espelho e me admirar.

. . . agora, é sério . . .

Embora seja o autor, eu não escrevi este livro sem a ajuda significativa e a opinião dos outros. Conduzindo o ofício, esteve a minha editora e querida amiga Meg La Borde. Todos que a conhecem amam Meg. Ela é inteligente, divertida e tem um olho clínico para o que faz sentido no confuso território das opções literárias. Foram três versões antes de chegar ao texto final deste livro. Meg jamais hesitou. Ela permaneceu dedicada, apoiando, e sempre dando algo a mais. Da triagem dos detalhes das incontáveis mensagens eletrônicas aos debates às altas horas da noite sobre velocidade no mundo de hoje até as conversas espremidas de última hora no táxi correndo para o meu compromisso seguinte, Meg redefiniu a palavra **extraordinário**. Meg, obrigado por me ajudar a fazer de *A Era da Velocidade* aquilo que ele é.

Trabalhando junto com Meg e considerado o sujeito mais honesto do mercado editorial está Ray Bard. Ray não é apenas um simples nome por trás da marca Bard. Fiquei extremamente impressionado e agradecido pelo seu grau de envolvimento pessoal no esforço para o lançamento do livro. Obrigado pelo seu grande interesse pessoal no livro, Ray. Você é um homem verdadeiramente admirável!

Tenho uma dívida enorme de gratidão para com Lari Bishop e Erin Nelsen. Eles editaram, pesquisaram, redigiram e entrevistaram com profissionalismo e entusiasmo. Pegaram as minhas palavras e lhes deu brilho. Lari e Erin trabalharam sem parar durante meses para garantir a precisão e o cumprimento dos prazos. Além disso, quero agradecer Sheila Parr pelo visual interno de primeira classe e Lisa Woods pelo extraordinário talento exibido no *design* da capa. E, ainda, *muchas gracias* a Jeff Morris e Tom Ehrenfeld pela genialidade na edição e a Clint Greenleaf pela amizade e apoio. Além do mais, os dez leitores profissionais merecem um sonoro agradecimento. Os seus comentários ajudaram imensamente. Obrigado a todos pela capacidade criativa e pelo profundo conhecimento de cada um.

Alguns outros parceiros que contribuíram com vigor no *marketing* de *A Era da Velocidade* foram Barbara Cave Henricks (extraordinária agente de publicidade) e Mike Drew com Promote a Book. Barbara acreditou neste livro desde o primeiro dia, e trabalhar com ela foi puro deleite. O seu conhecimento e os seus contatos abriram portas que jamais eu teria conseguido por conta próprio. A inteligência mercadológica de Mike contribuiu repetidas vezes com alguns projetos frutíferos e divertidos. Barbara e Mike, muito, muito obrigado por todo o trabalho dedicado de vocês!

Cada nível de produção de um livro, desde a sua concepção até o leitor tê-lo em mãos requer um legítimo vencedor, alguém que eleve o estandarte bem alto. Acreditando no livro junto comigo, com Ray e Meg, esteve Michael Sullivan da National Book Network. Ele é um homem que se importa muito e cumpre exatamente aquilo a que se propõe. A indústria editorial pode ser um verdadeiro campo minado, e Michael viabilizou uma passagem segura e diligente por um terreno da mais alta qualidade. Michael, obrigado por adotar *A Era da Velocidade* com tamanha rapidez e fervor.

Cara Smith é minha assistente e amiga. Se você conseguir imaginar a colaboradora ideal, é a Clara. Ela é possui vitalidade, dedicação, lealdade e conhecimento ilimitados para controlar um autor irresponsável. Eu disse a ela várias vezes, se algum dia ela resolver me deixar, eu vou com ela. Isso vale também para Karen Harris. Karen é a minha agente na área das palestras. Ela também é uma verdadeira campeã. As agências de conferencistas e os planejadores de encontros a amam. Karen é uma das melhores da área. Cara e Karen, por tudo o que fazem, faltam-me palavras para agradecer-lhes.

A essa altura, não há palavras suficientes para agradecer aos amigos e à família. De fato, recentemente aprendi que na língua *quíchua* do Peru não existe expressão equivalente a **"obrigado"**. Em vez disso, a população montanhesa do Peru possui uma cultura de reciprocidade. O agradecimento vem na forma de atos recíprocos.

Vocês sabem quem são vocês. Alguns me trouxeram idéias, ofereceram-se para ajudar de diversas maneiras e me ajudaram de forma incondicional. Jamais esquecerei a bondade de vocês e apenas espero poder atingir o padrão *quíchua* de reciprocidade. Todos vocês me inspiraram no mais alto padrão de bondade e amor.

Falando em amor, encerrarei dizendo do meu enorme carinho por minha esposa e meus filhos. Temos um contrato virtual envolvendo você, leitor. Com a benção da minha mulher e de meus filhos, dividimos o meu tempo com você. O tempo gasto nas viagens com palestras e consultoria é considerável. O tempo escrevendo coincide com o tempo da família, também. Se você, leitor, estiver propenso a agradecer a alguém, seria aos meus filhos e, principalmente, à minha esposa por tornar tudo isso realidade. De algum modo, você já agradeceu. Você fez a cultura *quíchua* prevalecer e honrou a minha família comprando este livro.

Michelle, Max, Alex e Isabella, o amor é a forma mais plena de agradecimento na qual consigo pensar. Vocês fazem da nossa jornada pela EV emocionante e feliz. **Amo vocês!**

ÍNDICE REMISSIVO

A

adotando a velocidade. *ver também* **explorando a velocidade**
   Jatos   *107–110, 201*
   Rojões   *99–104*
Aerion jatos corporativos   *12*
aerodinâmica
   Delegar   *154–217*
   filtrar   *147–150*
   no esqui de velocidade   *131–132*
   organizacional   *103, 107–109*
   resistência   *131–132, 135–139, 141–144*
agilidade
   do morcego   *113–114*
   flexibilidade   *123–125*
   organizacional   *101, 107–108*
   percebendo a oportunidade   *117–121*
   reagindo às mudanças   *127–128*
Aiken, John   *109*
aikido   *185–189*, *199*
Alex (filha do autor)   *217*
alinhamento
   exercício de travessia da corda bamba   *159–160*
   individual   *175–177*
   organizacional   *103–104, 107, 109, 169–172*
   propósito verdadeiro   *163–166*
   simplicidade   *179–182*
Amazon.com   *120*
antecipando-se à velocidade   *191–194*
Apple   *149*
Aristóteles   *163*
arriscando   *123–125*
atalhos   *54–55*
atarefado *versus* veloz   *43–45*
AT&T   *149*

B

Baack, Audy   *118*
Balões   *93–96*
BASF   *118*
Best Buy   *74, 76*
biometria   *4–7*
Brin, Sergey   *109*
Buckingham, Chris   *150*
buscando a velocidade   *197–199*

buscas apaixonadas. *ver também* **realização das metas**
   modelo baseado nos valores e   *69–76, 79–80*
   propósito verdadeiro e   *163–166*
   tarefas enfadonhas *versus*   *25–26, 47–51*
   tempo para   *17–21, 23–25, 43–45*
revista *Business Week*   *103*

C

CEOs e humildade   *124*
função Cerebral
   dopamina   *48–49*
   multitarefa   *136, 141, 143–144*
Chase   *13*
Chouinard, Yvon   *69–71, 75*
Claire (a menina)   *29–30*
programa de identificação biométrica, Clear   *4–6*
Coca-Cola   *128*
Cole, Tyson   *197–198*
compensações entre tempo, qualidade e custo   *53–55*
padrões de Comportamento
   Balões   *93–96*
   Jatos   *107–110, 201*
   Rojões   *99–104*
   sobre os   *83–85*
   Zepelins   *87–91*
computadores de mão   *7, 64, 65*
revista *Computerworld*   *59*
CrackBerries   *7*

D

Def Jam Records   *175–177*
delegar tarefas   *153–155*
Dell   *101–104*
Dell, Michael   *101*, *103*
desejo *versus* expectativa   *191–194*
destinos confiáveis   *153–155*
dopamina   *48, 49*
Dow Corning   *144*
dRush   *176*

E

Eastman Kodak *90*
revista *The Economist* *7*
esperando na fila *13, 49*
esqui de velocidade *131–132, 159–160*
estresse
    modelo baseado nos valores e   *74–76, 80*
    multitarefa e   *143–144*
    por excesso de opções   *24*
evolução
    compensações entre tempo, qualidade e custo   *53–55*
    fazer versus obter   *39–41*
    movimento de mudança   *57–60*
    percepção da velocidade   *29–31, 39–41*
    recompensa   *33–37, 48–49*
    valor das experiências   *47–51*
    veloz *versus* atarefado   *43–45*
exercício de travessia da corda bamba   *159–160*
expectativa de vida   *17–18*
Expedia.com   *55*
explorando a velocidade
    aikido   *185–189, 199*
    buscando a velocidade   *197–199*
    desejo *versus* expectativa   *191–194*

F

fazer *versus* obter   *39–41*
FEI Co.   *181*
ferramentas de busca   *108*
filtrando informações   *147–150*
flexibilidade   *123–125*
    de horário   *74*
foco. *ver também* **interrupções**
    exercício de travessia da corda bamba   *159–160*
    fábula da tartaruga e da lebre   *33*
    individual   *175–177*
    organizacional   *169–172*
    propósito verdadeiro   *163–166*
    simplicidade   *179–182*
revista *Food & Wine*   *198*
supermercado Fresh Direct   *121*
funambulismo   *160*

G

Geico   *13, 14*
companhia dos produtos Glad   *118, 120*
Google   *108, 109, 110*

H

Hamermesh, Daniel   *17*
Hance, Steve   *75*
Hastings, Reed   *188*
Herbst, Kenneth   *128*
Hewlett Packard   *102*
dirigível Hindenburg   *89*
Hip-Hop Action Network   *176*
humildade   *123–124, 154*
hotéis Hyatt   *64*

I

IBM   *144*
inteligência competitiva   *149–150*
interferências. *Ver* **interrupções**
Intermagnetics General   *181*
interrupções
    atividade cerebral e   *49, 136, 141, 143–144*
    avaliando as   *141–144*
    produtividade e   *8, 136–139, 141–144*
iPhone   *149*
Iwata, Satoru   *172*

J

Jatos   *107–110, 201*
Jens, Reinier   *181*
Johnson, Spencer   *59*

K

Kleisterlee, Gerard   *180*
Kodak   *90, 91, 93*
Kotter, John   *59*

L

Lafley, A. G. *117–118*
Liderando Mudança (Kotter) *59*
limites
    modelo de tempo baseado nos valores *69–76, 79–80*
    modelo trabalho-casa-lazer *63–67*

M

unidade Mach *12*
Maeda, John *182*
Marks, Gloria *141*
Microsoft *109, 169, 171*
modelo
    baseado nos valores *69–76, 79–80*
    trabalho-casa-lazer *63–67*
morcegos *113–114*
mudança *57–60, 127–128.* ver também **evolução**
multitarefa *135–139, 141–144*

N

Netflix *186, 187, 188*
Nintendo *169, 170, 171, 172*

O

obter *versus* fazer *39–41*
princípio da navalha de Occam *179–180*
oportunidades
    disponibilidade de *17–21, 23–26, 43–45*
    percebendo *117–121*

P

padrão de atividade *138–139*
Patagonia *69, 70, 71, 75, 76*
Pepsi *127, 128*
percepção da velocidade *29–31, 39–41*
Perez, Antonio *90*
perfis. *Ver* **padrões de Comportamento**
Phat Fashions *176*
Philips Electronics *180*
preocupações com a privacidade *4*
preocupações com a segurança *4–7*

prioridades. *ver também* **foco**
    avaliando as interrupções *141–144*
    modelo de tempo baseado nos valores *69–76, 79–80*
Procter & Gamble *117, 120*
produtividade. *ver também* **tarefas**
    interrupções e *7–8, 136–138, 141–144*
    modelo de tempo baseado nos valores e *74–75*
    velocidade e *43–45*
propósito verdadeiro *163–166*
PS3 *169, 171*

Q

QL2 Software *150*
quantidade de vida *23–26*
Quem Mexeu no Meu Queijo? (Johnson) *59*

R

Ratey, John *49*
realização das metas. *ver também* **buscas apaixonadas**
    alinhamento *169–170, 175–177, 182*
    modelo de tempo baseado nos valores *69–76, 79–80*
    padrões de Comportamento *107–110*
    propósito verdadeiro *163–166*
receber *versus* fazer *39–41*
recompensa *33–37, 48–49*
relação de amor e ódio com a velocidade *39–41*
renda *17–18*
resistência *131–132, 135–139, 141–144*
resistência a velocidade *29–31, 87–91, 93–96*
Ressler, Cali *74*
Results-Only Work Environment (ROWE) [Ambiente de trabalho voltado exclusivamente aos resultados] *74, 75*
Rojões *99–104*
Rollins, Kevin *101*
Run-DMC *176*
Rush Communications *175*

S

sacrificando a privacidade *3–7*
sanduíche de creme de amendoim e geléia *64*
Schwartz, Jonathan *73*
Scout *(border collie)* *29*, *30*
Simmons, Joey *176*
Simmons, Russell *175*
simplicidade *179–182*
Sony *103*, *169*, *171*
Sun Microsystems *73*

T

tarefas. *ver também* **interrupções; produtividade**
    buscas apaixonadas *versus* tarefas enfadonhas *25–26*, *47–51*
    filtros *147–150*
    multitarefa *135–139*, *141–144*
    padrões de atividade *138–139*
    processando *153–155*
A Tartaruga e a Lebre (Esopo) *33–37*
tecnologia
    atalhos *54–55*
    biometria *4–7*
    desejo de velocidade e *12–13*
    dopamina e *48–49*
    filtrando informações *147–150*
    modelo trabalho-casa-lazer e *63–66*
    mudanças e *57–60*
    produtividade e *44*
    quantidade de vida *23–26*
tempo
    compensações entre custo e qualidade *53–55*
    modelo baseado nos valores *69–76*, *79–80*
    modelo trabalho-casa-lazer *63–67*
    oferta e demanda de *17–19*, *23–25*, *43–45*
tempo de lazer. *ver também* **buscas apaixonadas**
    aumentando as oportunidades do *17–19*, *23–25*, *44*
    modelo baseado nos valores *69–76*, *79–80*
    modelo trabalho-casa-lazer *63–67*
The Ten Rules of Simplicity **(Maeda)** *182*
The Ten Thousand Infallible Arts of the Prince of Huai-Nan *95*
Thompson, Jody *74*

trabalho. *ver também* **tarefas**
    mais opções de *18–21*
    modelo de tempo baseado nos valores *69–76*, *79–80*
    modelo trabalho-casa-lazer *63–67*
Travelocity.com *55*

U

restaurante japonês Uchi *197*, *198*
Ueshiba, Morihei *187*
Universidade de Oregon *143*

V

valor das experiências *47–51*
valor intrínseco *47*
velocidade
    adotando a *99–104*, *107–110*, *201*
    desejo de *11–14*, *39–41*, *108*, *191–194*
    explorando a *185–189*, *191–194*, *197–199*
    percepção da *29–31*, *39–41*
    resistência à *29–31*, *87–91*, *93–96*
velocidade do som *12*
veloz *versus* **atarefado** *43–45*
Verified Identity Pass *4*
viagem *3–7*, *12*, *55*

W

Whole Foods Markets *128*
Wii *169*, *170*, *171*, *172*

X

Xbox *169*

Y

YouTube *108*

Z

Zepelins *87–91*
Zinn Cycles *96*
Zinn, Lennard *96*
Zook, John *113*

Sobre o Autor

Vince Poscente é mais conhecido pela sua capacidade de transmitir mensagens revigorantes às organizações pelo cenário corporativo. Os líderes empresariais o contratam para inspirar os funcionários a adotarem a velocidade quando se sentem inclinados a resistir, e para produzir resultados mais rápidos de modo considerado recompensador. Quando as companhias estão diante da velocidade, Poscente as ajuda a entender o desafio e a voltá-la a seu favor.

Para aprender mais sobre como explorar o poder da velocidade, junte-se à sempre crescente comunidade de pessoas que se cadastram na Full Speed Ahead, um resumo eletrônico semanal que ajuda a descobrir como colocar em uso o poder da velocidade na vida e nos negócios.

www.vinceposcente.com